# 前置詞

がわかれば
# 英語がわかる

改訂新版

刀祢雅彦
Masahiko Tone

the japan times出版

# 小さな言葉たちの大きな働き

この本がめざすのは、**前置詞の働きを知ること**で、英語の隠された「からくり」を明らかにすることです。

みなさんは「前置詞」にどんなイメージを持っていますか。見た目はちっぽけなのに、使い分けがやっかいな、わずらわしいやつだと思っている人がいるかもしれませんね。

でも、英語でもっとも多く使われる語は何だと思いますか？　1位は the、2位は be動詞ですが、3位以下はある統計によると次のようになっています。

3位—of、6位—in、11位—to、14位—for、17位—with、18位—on、24位—by、25位—at、28位—from ……

注）British National Corpus による

おもな前置詞はすべて30位以内に入っています。彼らはこんなに活躍しているのです。

私は、ずっとこの小さな言葉たちの働きぶりに魅せられ、その正体を解き明かしたいと願ってきました。知れば知るほど、前置詞こそ英語の骨組みを支えるかなめだと思えてきたのです。それをみなさんに伝えたくて、この本を書きました。

前置詞はなぜ重要なのでしょうか。

それは前置詞が無数の**メタファ**を生み出すからです。ものごとを別のものに見立てて表すことを「メタファ（metaphor、隠喩）」と言

います。たとえば「ロケットが上がる」は普通の表現ですが、「給料が上がる」はメタファです。金額の増加を「上昇」という運動に見立てているからです。同じく **He is in the bathroom.** は普通の表現ですが、**He is in love.** はメタファです。「恋」という抽象的な状態を「場所」にたとえているのです。

　前置詞は本来、ものの**位置や方向・移動を表す**だけの単純な言葉です。ところが英語では、**さまざまの抽象的なことがら（行為・状態・関係など）を、位置・方向・移動のメタファで表す**のです。だから前置詞が大活躍をするのです。

　それぞれの前置詞は、英語という「生態系」の中で独自のテリトリーを持ち、個性的にふるまいます。この本では前置詞の意味と働きを、生き物のように観察し、科学していきたいと思います。

　世に「前置詞本」は多くありますが、私が不満なのは、個々の前置詞の意味用法については詳しくても、前置詞が文の構造の中でどんなふうに働くのかとか、対立する前置詞がどのように「棲み分け」をしているかなどの、スケールの大きい説明をした本が少ないことです。

　私は確信を持って言います。

**「前置詞の働きを知らなければ、英語のからくりは永久にわからない！」**

　この本でお話しするのは、とらえがたい前置詞の用法を理解するための私なりのささやかな工夫（SPO理論）と、広大な前置詞の世界のいくつかの側面とに過ぎませんが、前置詞をより深く知ることで、英語のメカニズムについてのみなさんの理解が深まればうれしいです。


　この本を書くにあたり、梅花女子大学助教授Preston Houser先生、神戸山手短期大学助教授David Lehner先生、英会話講師のBrad Reinhartさん、駿台のGary Wahlen先生に貴重なご意見をいただきました。またジャパンタイムズ出版の伊藤秀樹さんには大変お世話になりました。心から感謝いたします。

## ▶▶ 改訂新版の出版にあたって

　この本を書きあげた当時は、正直、「ちょっとマニアック過ぎたか？」と感じていたのですが、想像を超える大きな反響があって驚きました。**「英語の見方が変わりました」**と言ってくれた受験生の方、**「授業で役に立つ」**と言ってくれた英語の先生。**「英文の読み方が大きく進歩した」**というレビューもいただきました。卒業論文の参考文献リストにもこの本のタイトルを何度か見かけました。

　今回の改訂では、旧版では触れていなかった意味論的側面、特に新情報・旧情報についての説明をかなり加えました。頻度データはほぼすべてをより精密なリサーチでアップデートし、Google Books Ngram Viewer も活用しました。

　伊藤秀樹社長から「この本はいまでも書店に置くとすぐ売れるので、改訂しませんか」と声をかけていただいたおかげで、この本は今回新しく生まれ変わることができました。この機会に、旧版では書けなかったこと、出版後に思いついたアイデア、新しく得られたデータをたくさん加えることができました。本当にありがとうございました。

　また、以前、別の本でかわいいイラストを描いていただいた河南好美先生にお願いし、全イラストを描き直していただきました。

　編集を担当していただいた西田由香さん、深谷美智子さんには、本文のレイアウトも全面的にやり直していただき、見違えるようにメリハリがきいたものになったと思います。

　みなさま本当にありがとうございました。

刀祢雅彦

※本書は、『前置詞がわかれば英語がわかる』(2005年12月5日初版発行)の改訂版です。
　内容を見直し、加筆修正しました。

# Chapter 1

# S+P+Oで解明！
# 英語のしくみ

# 01 前置詞にも主語がある?

テーブルの上のリンゴのお話

前置詞の正体＝意味の構造をつかむために、まずちょっとした道具立てを考えましょう。

前置詞はその名のとおり、**名詞の前に置く言葉**であることはご存じですね。前置詞のあとにある名詞は「**前置詞の目的語**」と呼ばれています。

しかし、目的語を考えるだけでは前置詞は理解できないのです。動詞に主語があるのと同じように、前置詞にも「**主語**」が必要なのです。

たとえば、

**on the table**

という英語を見たら、だれでも「テーブルの上に、**何が**あるの?」と思うはずです。

on the table

もし

**an apple on the table**

とあれば、「リンゴがテーブルの上にある」という、完成された
イメージが浮かびますね。

　ほとんどの前置詞の基本的な意味は、このように**2つのものの空間的な位置関係**なのです。
　この本では、この*apple*にあたるものを、「**前置詞の意味上の主語**」、略して「**前置詞の主語**」と呼ぶことにします（ここからは、例文の中の前置詞の主語（*S*）を太字の斜字体、前置詞（**P**）と目的語（**O**）を太字で示します）。

# 02

## 「SPO理論」でいこう！

前置詞の意味のしくみを図で表すと次のようになります（Pは前置詞prepositionの略）。

[ 前置詞の基本的な意味構造 ]

$$S + P + O$$
主語 　 前置詞 　 目的語

Sが、Oに対して、Pの関係にある

英語の文には、このような「S＋P＋Oのユニット」がたくさん隠れています。でも重要なのは、次の3つのパターンだけなのです。

### S＋P＋Oユニットの3つのパターン

**a.** 前置詞＋目的語が前の名詞にかかる

例 ***an apple* on the table**
　　 S 　 　 P 　 　 O

テーブルの上のリンゴ

**b.** 文の主語が前置詞の主語

例 ***The apple* is on the table.**
　　 S 　 　 　 P 　 　 O

リンゴはテーブルの上にある

**c.** 文の目的語が前置詞の主語

例 I put ***the apple*** **on** **the table**.
  S   P   O

私はリンゴをテーブルの上に置いた

どの場合にも、「*apple*がon the tableだ」という主語─述語のような関係が含まれていますね。これを**SPO関係**と名づけましょう。

学校で習う英文法では、「**a**のon the tableはan appleにかかる形容詞句、**b**、**c**では動詞にかかる副詞句」というように区別します。でも大切なことは、**文の構造がさまざまに変わっても、このS＋P＋Oという関係は変わらない**ということなのです。

この本では、「前置詞（P）の意味は、その主語（S）と目的語（O）の関係にある」という視点──名づけて「**SPO理論**」──で話をすすめていくことにしたいと思います（まあ、理論と言うほどたいそうなものではないのですが……）。

ではSPO理論で考えると、どんなメリットがあるのでしょうか。

# 03
# SPO理論で考えてみよう

「着用」のinとon

まず、前置詞の主語と目的語をきちんと意識するとスッキリわかる例をひとつお見せしましょう。

体に何かを着用している状態を、inで表す場合とonで表す場合があります。

たとえば次のような場合。それぞれの（　　）にふさわしいの

はどちらの前置詞ですか。どちらも訳せば「君、そのセーター似合ってるね」ですが……。

1. **You look great (　　　) that sweater.**
   **1** in　**2** on

2. **The sweater looks great (　　　) you.**
   **1** in　**2** on

　どうでしょう、どちらが正しいかパッとわかりましたか。この本の読者のみなさんなら楽勝かもしれませんが、英語の初心者はこの2つの前置詞の使い分けにとまどうことがよくあります。

　まず、2つの前置詞の基本的意味を確認しましょう。inの**基本義**（もっとも基本的な意味）は「**SがOの範囲に入って**」、onは「**SがOの表面に接して**」です。

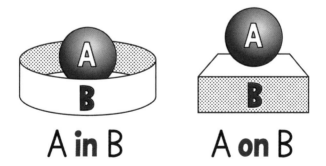

A in B　　　A on B

　これをふまえて、人が何かを着用する場合のinとonの関係を見てみます。次の2つの**SPO関係さえおさえれば、inとonを間違えることは決してないでしょう。**

## [ inとonのSPO関係 ]

**A ＋ in B**　　　A（人の体）がB（着用物）に入っている

**B ＋ on A**　　　B（着用物）がA（人の体）に接している

　ごらんのように、inとonではA（人の体）とB（着用物）の順序が逆であることに注意してください。

　16ページの問題**1**、**2**では**A = you**、**B = sweater**ですね。それぞれの文の中のyouとsweaterの順序に注目してください。**1**に含まれているのは「**you**の体が**sweater**に入っている」という関係だからinが正解。**2**では逆に「**sweater**が**you**の体に接している」という関係だからonが正しいのです。

**1.** *You* look great **in that sweater**.
　　 S　　　　　　　 P　　　 O

　　 →*you* + in that sweaterの関係

**2.** *The sweater* looks great **on you**.
　　　 S　　　　　　　　　 P　 O

　　 →*the sweater* + on youの関係

The sweater
is
**on** the girl

The girl
is
**in** the sweater

いきなりさっきの問題を解いてもらうと、間違える人がかなりいます。でも、SPO関係を説明したあとでやってもらうと、ほぼ100％の人が正解するのです！

　それぞれの具体例をもっと見てみましょう。下の英語をひとつずつ見てください。

---

**A + in B 「A（人の体）がB（着用物）に入っている」**

**a.** *the girl* **in a red sweater**

赤いセーターを着た少女

**b.** *The girl* **is in a red sweater**.

少女は赤いセーターを着ている

**c.** *The girl* **is dressed in a red sweater**.

少女は赤いセーターを着ている

**d.** *The girl* **looks great in a red sweater**.

少女は赤いセーターがよく似合う

**e.** *The girl* **went to school in a red sweater**.

少女は赤いセーターを着て学校に行った

---

　表現はさまざまですが、すべて*the girl* + in a red sweaterの関係を含んでいますね。

　ところで、SF映画に*Men in Black*というタイトルがありましたが、直訳すると「黒に入った男たち」つまり「黒服の男たち」です。また「白衣の天使（＝看護師さん）」を英語で言うと？　　*an angel* in white となります。

次はonの例を見てください。

> **B + on A 「B（着用物）がA（人の体）の表面に接している」**

**a.** *the red sweater* **on** the girl

　少女が着ている赤いセーター

**b.** *The red sweater* is **on** the girl.

　赤いセーターは少女が着ている

**c.** *The red sweater* looks great **on** the girl.

　赤いセーターは少女によく似合う

これらも*the red sweater* + on the girlの関係では共通しています。

**Give it a try**

では、いままでの話をふまえて、次の問題を考えてみてください。
次のそれぞれの空欄にもっともあてはまる前置詞は何でしょう？

**1.** The police officer put him (　　　) handcuffs.

　警官は彼に手錠をかけた

**2.** She slipped the gold ring (　　　) her finger.

　彼女は金の指輪を指にはめた

次の文を「このくつは歩きやすい」という意味にするには、3つ
のうち、どれを入れるといいでしょうか（ちょっとむずかしいかな……）。

**3.** These shoes are easy to walk (　　　).

**1** in　**2** on　**3** with

---

**解説**

それでは、答えを見ていきましょう。

**1.** The police officer put **_him_** in handcuffs.
　　　　　　　　　　　　　　 S　 P　　O

「体＋in 着用物」というSPO関係になっていますね。put on「〜を身に
つける」と丸暗記していると間違えてしまいます。逆にして put
**_handcuffs_** on him と言うこともできます。

**2.** She slipped **_the gold ring_** on her finger.
　　　　　　　　 S　　　　　　 P　　 O

「着用物＋on 体」の構造ですね。「はめる」という日本語にまどわされ
てinを入れませんでしたか?

**3** の文は、ちょっとひとひねりされています。わかりやすい文に戻すと
……。

**3.** These shoes are easy to walk (　　　).

→ It is easy (for **_you_**) to walk (＿＿＿) these shoes.
　 S　　　　　　　　　　 P　　　　 O

もうおわかりですね。「体＋in 着用物」の関係が隠れていたわけです。
したがって These shoes are easy to walk in. が正解です (on だと＝ It is easy
to walk on these shoes. となって、「このくつは踏んづけるのが簡単だ」というおかし
な意味になってしまいます)。

これも応用問題です。次の2つの文の下線部の意味を考えてください。文脈も考慮してください。

**1.** The new boss is a traditional woman. If you want that job, <u>you should see her in a dark suit</u>.

**2.** Why don't you go to her wedding? <u>You should see her in a wedding dress</u>.

---

**解説**

　一見そっくりな文ですが、意味はまるで違います。**1**と**2**の構造は次のようになっています。

**1.** <u>*you*</u> should see her in **a dark suit**
　　S　　　　　　　　　P　　O

**2.** You should see *her* in **a wedding dress**.
　　　　　　　　　S　P　　　　O

　**1**では*you* + in a dark suitというSPO関係があって、「ボスはおカタイ女性だから、仕事がほしければ、**君は黒のスーツを着て**彼女に会うほうがいいぞ」の意味。

　一方**2**は目的語のherがin a wedding dressの意味上の主語で、「彼女の結婚式に出席したらどう？　**彼女のウエディングドレス姿を見る**ほうがいいよ」という意味になります。

　「5文型主義」の学校文法では、この2つの前置詞句をどちらも単に「副詞句」として片づけてしまうので、**1**と**2**の違いをうまく説明できません。

前置詞の主語を意識し、**S**と**P**と**O**の関係を考えるのがどうして大切か、感じていただけましたか。

　それでは、SPO理論という武器をたずさえて、英語の謎解きツアーに出かけましょう！

# Chapter 2

# 前置詞で解く！
# 英語の謎とからくり

# forとto　どこがどう違う？

## ▶▶ left forとwent to　到着しているのはどっち？

　まず手はじめに、forとtoという2つのありふれた前置詞を比べてみましょう。forとtoは、どちらも方向を表します。どちらもよく「〜へ」とか「〜に」と訳されます。

　でも、実はこの2つの間には重要な違いがあります。この違いを理解すると、いろいろな英語の表現のしくみがはっきり浮かび上がってくるのです。実例で考えていきましょう。まず簡単な移動の動詞から。

> **a.** *Lucy* left **for** <u>London</u>.
> 　　 S　　　 P　　 O
>
> **b.** *Lucy* went **to** <u>London</u>.
> 　　 S　　　 P　　 O

　この2つの文の違いは何ですか。一見同じような意味に見えるかもしれませんが、前置詞の主語*Lucy*と目的語**London**の関係にはっきりした違いがあります。

　**a**は*Lucy*が出発した時点で**London**に向かっていたことを意味するだけで、**実際にLondonに到達したという意味は含みません。**

　ところが、**b**は*Lucy*が**London**の土を踏んだことまで含んでいます。それは、次の**c**が自然なのに**d**がおかしいことから明らかです（ ? は不自然な表現を表します）。

**c.** *Lucy* left **for London**, but <u>she couldn't get there after all</u>.

**d.** ☐ *Lucy* went **to London**, but <u>she couldn't get there after all</u>.

スキーマ（図式）にして考えてみましょう。

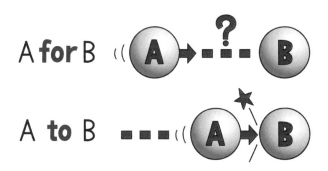

このように、**for は方向のみ**を示し、「前置詞の主語（A）が目的語（B）に到達する」という意味を含まないのです。一方 **to は、方向だけでなく、到達の意味を含む**ことができるのです。

付け加えると、**go to と leave for では、時間の語句のかかり方も違います**。下の図を見てください。

Lucy **left for** school at eight.　　left **for** ---------- school
　　　　　　　　　　　　　　　　　　　　　　↑
　　　　　　　　　　　　　　　　　　　**at eight**

Lucy **went to** school at eight.　　went ---------- **to** school
　　　　　　　　　　　　　　　　　　↑　　　　　　　↑
　　　　　　　　　　　　　　　　**at eight?**　　**at eight?**

つまりleave forでは家を出た時刻が８時ですが、go toでは家を出た時刻が８時か学校到着が８時かはあいまいで、文脈によります（get to school at eightなら８時はいつも学校到着の時刻を指します）。

　到達の意味を含まないleave forタイプと、到達の意味を含むgo toタイプそれぞれの表現を集めてみました。ひとつずつ考えてみてください。

| A leave for Bタイプ　A → …B | A go to Bタイプ　…A → B |
|---|---|
| **A start for B**<br>AがBへ出発する | **A come to B**<br>AがBに来る |
| **A head for B**<br>AがBへ向かう | **A get to B**<br>AがBに着く、行く |
| **A be bound for B**<br>AがBへ向かっている | **A drive to B**<br>AがBへ車で行く |
| **A make for B**<br>AがBの方へ進む | **A lead to B**<br>AがBに通じる |
| **A make a beeline for B**<br>AがまっすぐBに向かう | **A make it to B**<br>AがBにたどり着く |

## ▶▶ listenにtoがつくのはあたりまえ？

　今度はもう少し抽象的な意味を表すforとtoを比較しましょう。次の（　　　）にふさわしい前置詞は何ですか。

**1.** *She* listened (          ) the phone for a long time, but it didn't ring after all.

「listenにはtoがつくに決まってるんじゃないの？」と思った人はいませんか。丸暗記主義はいけません。正解はforなのです。次の2つの文を見てください。どちらも正しい英語です。

**a.** *She* is listening **for the phone**.

**b.** *She* is listening **to the phone**.

aは「彼女は電話が鳴ることを予期して耳をすましている」という意味になるのです。この文では**電話はまだ鳴ってはいないのです**。言い換えると、彼女（の聴覚）は**電話に向いてはいるが、まだ電話の音には達していない**のです。さっき見たA leave for Bには、「AがBに向かう」の意味はあっても「AがBに達する」という意味はなかったことを思い出してください。

一方、**b**はもちろん「彼女は電話の音を聞いている」という意味ですね。当然電話はいま鳴っているのです。つまり**b**では彼女（の聴覚）は**すでに電話の音に達している**のです（A go to Bに「AがBに達する」という意味が含まれていたのと同じですね）。だから最初の問題の（　　　）にtoを入れてしまうと、後半で「しかし電話は結局鳴らなかった」と言っているので、矛盾してしまうのです。

**c.** *She* listened **for the phone**, <u>but it didn't ring.</u>

**d.** ⁇ *She* listened **to the phone**, <u>but it didn't ring.</u>

　中学で「熟語」として理屈ぬきで丸暗記したlisten toのtoも、こんなふうにforと対比すると、ちゃんと意味を持って使われていることがわかります。

　まとめておきましょう。

[ listen forとlisten toの違い ]

**A listen for B**
　**A**（人）が**B**（まだ鳴っていない音）を聞こうと耳を傾ける

**A listen to B**
　**A**（人）が**B**（すでに鳴っている音）に注意して耳を傾ける

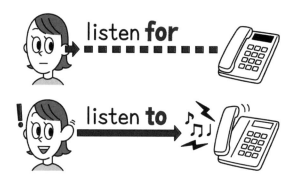

　listen **for**の意味はwait **for**によく似ています。wait for〈人〉の場合も、たとえばデートで人を待つ場合、相手は**まだ来ていない**わけですから。**c**の文を次の文と比べてみてください。

028

**e.** ***She*** waited **for him** for a long time, <u>but he didn't turn up</u>.

彼女は彼を長い間待ったが、彼は現れなかった

　これらのforは「願望のfor」と呼んでもいいでしょう。まだ目標に達していないからこそ願望があるのですね。

　さて、ここで考えたlisten forとlisten toの場合、**もとは空間的な意味の違いだったforとtoの対比が、知覚という抽象的な意味の世界に持ちこまれてもしっかり生きている**ことに注目してください。これが「はじめに」でお話しした「**メタファ的用法**」なのです。

[ forとtoの対比は、空間でも知覚でも同じ ]

| 空間 | **for** = まだ達していない ⬌ **to** = 達している |
| 知覚 | **for** = まだ感じていない ⬌ **to** = 感じている |

▶▶ look forは「さがす」じゃない!?

　聴覚の表現を考えたついでに、視覚の表現も見てみます。だれでも知っているlook for「〜をさがす」を考えてみましょう。次の2つの文を見比べてください。

**a.** *I* am looking **for the girl**.

**b.** *I* am looking **at the girl**.

　**b**のlook for〜は、中学で「〜をさがす」の意味の「熟語」だと教わって、まるごと覚えたと思います。でもforの意味を意識して

分析すると「～を求めて（あちこち）見る」ということになります。当然ながらさがしている間は、まださがしものは見つかっていない（＝目標に達していない）ですね。たとえば、aでは「私」の視覚はまだgirlに達してはいません。一方、bのlook atでは「私」（の視覚）はすでにgirlをとらえています。listen forとlisten toの対立に似ていませんか。

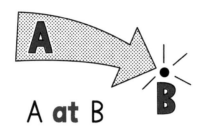

lookの場合、toではなく、「点」を示す前置詞atを用いるところがlistenと違いますが、ひょっとするとこれは、人の聴覚と視覚の認知能力の差の表れかもしれません。

つまり、人間の聴覚はそんなに精密ではないため、音源の正確な位置（点）まではわからず、せいぜい音が聞こえてくる方向がわかる程度なので、「点」の前置詞atを用いず、listen toと言うのではないでしょうか（もし聴覚で物の空間的位置まで正確に認識できるコウモリが英語をしゃべったら、listen toとは言わず、listen at と言うかもしれません。機会があればコウモリ君にたずねてみたいものです）。

一方、人間の視覚は精密なので、視線を対象にピタリと向けることができます。それで「点」の前置詞atが用いられるのかもしれません（逆にコウモリ君の目は光の方向がぼんやりわかる程度らしいので、彼ならlook atではなくlook toを使うのではないでしょうか）。

「人間の英語」ではlook to Aというと、Aそのものの姿を見るというよりは、「Aについて考える」とか「Aを頼る」などの、ちょっと特殊な意味になることが多いようです。

これまでの話を表にまとめてみると、次のようになります。

| | A が B をまだ知覚していない | A が B をすでに知覚している |
|---|---|---|
| 聴覚 | **A listen for B** | **A listen to B** |
| 視覚 | **A look for B** | **A look at B** |

### Give it a try

（　　　）に一番よくあてはまるのはどれですか。

**1.** Are you sure you lost your key?  Look (　　　) the top drawer.

（drawer「引き出し」）

　**1** at　**2** for　**3** up　**4** in

#### 解説

「『ほんとにカギをなくしたの？　一番上の引き出しをさがしてみろよ』だから正解は **2** forに決まってるでしょ！」と思った人はいませんか。「look for＝さがす」というような丸暗記思考をしているかぎり、英語のしくみはわかりません。

　look forのforにはちゃんと「〜を求めて」という「願望」の意味がありましたね。もしこの（　　　）にforを入れたら、（だれかが引き抜いて持っていってしまった）引き出し自体をさがし求めることになってしまいます。見るのは引き出しの中なのですから、正解は **4** inです（Look in the top drawer.はLook for the key in the top drawer.が省略されたものと考えることができます。youが求めているのはthe keyのほうですね）。

　実は、日本語の「〜をさがす」には2つの意味があるのです。ひとつ

は「〈ほしいもの〉をさがす」の意味（例：通勤に便利な部屋をさがす）。もう ひとつは「〈ほしいものがありそうな場所〉の中をさぐる」という意味 （例：カギをなくして部屋をさがす）。

でもlook forのあとには「ほしいもの」しか置けません。forのあとに 来るのは願望や欲求の対象だからです。look for≠「さがす」だったの です！

私たちは英語の意味を和訳を暗記することで学んできました。でも和 訳はしょせん和訳であって、英語の意味そのものではありません。**意味 ≠和訳**なのです。「和訳を知っている＝英語の意味を知っている」と錯覚 することが原因で、日本人特有のさまざまな誤りが起きるのです。look for≠「さがす」ということをはっきり認識したとき、あなたの英語に対 する認識も大きく進歩します。

## Give it a try

もうひとつやってみましょう。次の文脈に合うのはどれですか。

**1.** The boy is missing. We are (　　　　) him now.
　　**1** searching for　　**2** searching　　**3** searching to

### 解説

「その少年は行方不明だ。私たちは彼を捜索している」という意味にな るためには **1** の searching forを使う必要があります。search for 〜は 「〜をさがし求める」の意味ですが、search 〜は「〜（**場所**）の**中をさぐ る、調べる**」の意味になります。もしWe are **searching him**...とすると、 「（何か隠していないかと）彼の体を検査している」というとんでもない意味 に変わってしまいます。たかが前置詞ひとつといえども、バカにできま せんね。

search him **for** a gun

　ところで、**Search me.**はどんな意味でしょうか。

　かくれんぼで「私をさがせ」と言っているわけではありません。文字通りには「私の体をさぐってみなさい」です。これは何かたずねられて「さあね、そんなこと知らないよ」と言うときに使う決まり文句なのです。

　下の例は、マリリン・モンローが色っぽい映画『お熱いのがお好き』（*Some Like It Hot*）に出てくる会話です。

　　Sugar: What's happened?　　何が起きたの？
　　Joe: <u>Search me</u>.　　　　　　さあね

　実はsearchの基本形は**search A for B**「Bを求めてA（場所）をさぐる」なのです。辞書で「他動詞」とされているsearch〜と、「自動詞」のところに載っているsearch for〜は、この基本形を省略したものに過ぎません。

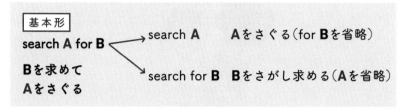

**［ searchの基本形はsearch A for B ］**

| 基本形 |  |  |
|---|---|---|
| **search A for B** | → search **A** | **A**をさぐる（for **B**を省略） |
| **B**を求めて **A**をさぐる | → search for **B** | **B**をさがし求める（**A**を省略） |

　普通の辞書では、これら3つの形がバラバラに載っていることが多く、3つの間の関係がよくわかりません。

## ▶▶ なぜbuyにはfor、giveにはto?

　もうしばらくforとtoの表現の比較を続けます。

　みなさんは中学で、次の**a**、**b**のような文は「SVOO型（SVO₁O₂型の第4文型）」であると習ったことでしょう。

> **a.** I bought David some chocolate.
>
> 　　S 　V 　　O₁ 　　　　O₂
>
> 　私はデビッドにチョコレートを買った
>
> **b.** I gave David some chocolate.
>
> 　　S 　V 　　O₁ 　　　　O₂
>
> 　私はデビッドにチョコレートをあげた

　同時にこれらの文は次のように「SVO型（第3文型）に書き換えができる」と教わったと思います（といってもまったく同じ意味になるわけではありません。意味の違いについては44ページでお話しします）。注1)

**a′.** I <u>bought</u> *some chocolate* for **David**.

**b′.** I <u>gave</u> *some chocolate* to **David**.

　では、どんな動詞のときtoを用い、どんな動詞にforを用いるかは習いましたか。**a′**、**b′**のような文を「SVO型（第3文型）」と呼ぶということは、**for** Davidや**to** Davidという語句を文の要素とはみなさず、「副詞句」つまり修飾語に格下げし、切り捨てることを意味します。本当にそれでいいのでしょうか。いまだに学校文法の主流である「5文型主義」のパラダイム（わく組み）では、toを使う動詞とforを使う動詞の本質的な違いは見えてこないでしょう。注2)

　SPO方式で考えてみましょう。前置詞の主語と目的語、そしてそれらをつなぐtoとforの基本的な意味の違いを考えれば、問題ははっきりします。

**a′.** I bought ***some chocolate*** **for** <u>**David**</u>.
　　　　　　　　*S*　　　　　P　　O

buy A **for** B

**b′.** I gave ***some chocolate*** <u>**to**</u> <u>**David**</u>.
　　　　　　　*S*　　　　　P　　O

give A **to** B

　先ほどの文のchocolateの動きに注目して考えてください。**a'**ではbuyという行為が行われてもchocolateはDavidのもとに到達するとは限りません。**これからDavidにあげようとして買った**というだけ、いわばchocolateはDavidに**向かっているだけ**なのです。buyという行為はDavidという相手がいなくても可能です。

　一方、**b'**ではgiveという行為の結果、前置詞の主語chocolateは目的語 Davidの手に**移動し、到達する**のです。いわばgive A to B は make A go to B「AをBまで行かせる」の意味を含んでいると言えます。つまりgiveという行為は相手Bがいなければ不可能です。

　これは次の文からも明らかでしょう。次の**d**は矛盾です。

**c.** I bought *some chocolate* for **David**, but I gave it to Brad.
　デビッドにチョコレートを買ったが、ブラッドにあげた

**d.** ? I gave *some chocolate* to **David**, but I gave it to Brad.
　デビッドにチョコレートをあげたが、ブラッドにあげた

次の2つの文も比べてみてください。

**e.** We gave *first prize* to **Bob.** = *First prize* went to **Bob.**
　ボブに一等賞を与えた　　　　　一等賞はボブに与えられた

どちらの文にも*first prize* + to **Bob**「一等賞がBobに達する」と

いうSPO関係が含まれていますね。

　SVO$_1$O$_2$型動詞の中には、leaveのようにforとtoの両方をとるものもあります。その違いも前置詞forとtoの対比で理解できます。

**f.** She left *some cake* for her son.

　　彼女は息子にケーキを残しておいた

**g.** She left *a lot of money* to her son.

　　彼女は息子にたくさんのお金を残して死んだ

　**f**ではleftの時点ではケーキはまだ息子の手に渡っていません。一方、**g**では彼女の遺産は息子に達している、つまりすでに（法的にも）息子のものになっているわけです。

　まとめてみましょう。

[ buyタイプとgiveタイプの違い ]

**buyタイプ（V ＋ A for B）──相手Bがいなくても可能な行為**
　**Vの結果AはBに達するとは限らない　　　A→…B**

**giveタイプ（V ＋ A to B）──相手Bがいないと不可能な行為**
　**Vの結果AはBに達する　　　　　　　…A→B**

それぞれのタイプに属する代表的な動詞をまとめてみました。

| buy A for Bタイプ | give A to Bタイプ |
|---|---|
| **make A for B**<br>AをBに作ってやる | **hand A to B**<br>AをBに手わたす |
| **cook A for B**<br>AをBに料理してやる | **tell A to B**<br>AをBに伝える |
| **fix A for B**<br>A（飲食物）をBに作ってやる | **say A to B**<br>AをBに言う |
| **find A for B**<br>AをBに見つけてやる | **communicate A to B**<br>AをBに伝える |
| **get A for B**<br>AをBに取ってやる | **teach A to B**<br>AをBに教える |
| **choose A for B**<br>AをBに選んでやる | **explain A to B**<br>AをBに説明する |
| **order A for B**<br>AをBに注文してやる | **propose A to B**<br>AをBに提案する |
| **save A for B**<br>AをBに確保してやる | **show A to B**<br>AをBに見せる |
| **prepare A for B**<br>AをBに準備してやる | **marry A to B**<br>AをBと結婚させる |
| **leave A for B**<br>AをBに残しておく | **leave A to B**<br>AをBにまかせる、AをBに残して死ぬ |

give, hand, pass, sell, pay, lend, etc. … + A to Bには、行為の結果として「A（ある物）がBに達する」という共通した意味があることはおわかりでしょう。

一方、tell、teach、showなどでは、具体的な物がBに達するわ

けではありません。でも次のように、音声や映像、言葉など、何らかの**情報がBに達する**と考えることができます。「教える」とは「情報を**与える**」ということにほかなりません。

[ tell／showなどのしくみ ]

## V ＋ 情 報 **to** 情 報 の 受 け 手
…… S ————————→ O
情報を受け手に与える

また、次のような対立関係にある動詞があることにも注意してください。

| | | |
|---|---|---|
| teach *A* to B | ⬌ | learn *A* from B |
| tell *A* to B | ⬌ | hear *A* from B |
| sell *A* to B | ⬌ | buy *A* from B |

すべてAがBに達するのか、Bから離れるのかという対立です。

## ▶▶ 「〜のために→for」はアブナイ和訳思考

forとtoの使い分けについて、「そんな理屈を言わなくても、forには『利益』の意味があるのだから、『〜のために』と訳せるときはforを使うと考えればいいじゃないか」と思う人もいるでしょう。確かにforが純粋に「利益」を表すと言える場合はあるし、そう考えても問題が起きないことも多いでしょう。しかし**和訳だけで英語を考えようとすると、かならず思わぬ落とし穴にはまります。**

たとえば次の文を考えてください。

**1. She read a story (　　　) her son at bedtime.**

（　　）に適するのはtoですか、それともforですか。

いきなりこの問題をやってもらうと、forを入れる人が大変多いのです。おそらく「彼女は息子のためにお話を読んであげた」と和訳思考をしてしまうのでしょう。

ところが、toのほうが自然なのです。tellやteach同様、readという行為の結果、**a storyという情報は息子のもとに到達**しますね。つまり**read A to Bはtell A to Bの仲間**なのだと考えれば、自然に理解できるでしょう。

read ***a story*** to her son
·········· S ——→ O

なお、read A to B「AをBに読んで聞かせる」はAを省略してread to B「Bに（本を）読んで聞かせる」の形でも使えます。このように、**前置詞の主語は、省略されることがある**のです。

**Give it a try**

次の文の意味を考えてください。これはMichael Moore著『アホでマヌケなアメリカ白人』(*Stupid White Men*) の一節で、youとはGeorge W. Bush大統領（当時）のことです。

Your aides have said that you don't (can't?) read the briefing papers they give you, and that you ask them to read them for you or to you.

（aide「補佐官」、briefing paper「要約した資料」）

## 解説

訳すと「あんたの補佐官たちによると、あんたは渡された資料を読まない（読めない？）で、**代わりに読んでおいてくれ**とか、**読んで聞かせてくれ**と言っているそうだね」という感じでしょう。

このread A for Bのforは「代理」を表しています。read A for B「AをBに代わって読む」とread A to B「AをBに読んで聞かせる」の違いがはっきりわかる文章ですね。

Give it a try

次の文はどんな意味になるでしょう。SPO関係に注意して考えてください。

**1.** Edward lost the girl to Walter.

## 解説

Edward lost the girlまではわかりますね。Edwardはその娘を失った、要するにふられたのです。では、その娘はどこへ行ったのでしょうか。***the girl* + to Walter**というSPO関係に注目してください。the girl→Walterという移動が起きていますね。彼女はWalterとくっついてしまった、つまり、EdwardはWalterに彼女をとられたのです。失われたAがBのもとへ行ってしまうから、**lose A to Bは「AをBに奪われる」という意味**に

なるわけです。次のような関係です。

Edward lost ***the girl***    to Walter.
      **S**        **P**    **O**
              |             |
cf. ***The girl*** went <u>to</u> <u>Walter</u>.
      **S**        **P**    **O**

# Edward lost the girl **to** Walter

次の文も比べてください。

He lost ***the title*** <u>to</u> <u>Wright</u>.
      **S**    **P**   **O**

**彼はライトにタイトルを奪われた**

Wright won ***the title*** <u>from</u> <u>him</u>.
      **S**   **P**   **O**

**ライトは彼からタイトルを勝ち取った**

　**負ける=人に何かを奪われること、勝つ=人から何かを奪うこと**なのですね。
　さて、lose A to BのA（前置詞の主語）がなくなるとどうなるでしょう。先ほどの文のthe titleを省略すると、次のようになります。

042

He lost ***the title*** <u>to</u> <u>**Wright**</u>.　彼はライトにタイトルを奪われた
　　　　　　**S**　　**P**　　**O**
　　　　　　　|　　　　　|
He lost (　　　　　) **to Wright**.　彼はライトに敗れた

「負ける、屈服する」を意味する動詞にはtoがつきます。なぜなのでしょうか。下の関係を見てください。負けるというのは、何か（A）を失うことなのです。それを省略したのが右の表現です。

**surrender *A* to B**　　　　→　　　**surrender to B**
AをBにあけ渡す　　　　　　　　　　Bに降伏する

**yield *A* to B**　　　　　　→　　　**yield to B**
AをBにゆずる、あけ渡す　　　　　　Bに屈する、譲歩する

**submit *A* to B**　　　　　→　　　**submit to B**
AをBにゆだねる　　　　　　　　　　Bに服従する

（surrender to Bはsurrender oneself to B「自分をBにあけ渡す」の省略形と考えることもできます。submitについても同様です）

# 文型にも意味がある?

## ▶▶ SV A to B と SVO₁O₂ は同じ?──情報の流れ

34ページでは、学校で教わるように「SVO₁O₂型の文はSV A to B型に書き換えできる」という前提でお話ししましたが、実はこの2つは完全にイコールとは言えないのです。

たとえば次の2つの文はどちらのほうがより自然でしょう?

---

**1. I gave a child the book.**

**2. I gave the book to a child.**

---

普通は**2**のほうが**1**より自然なのです。なぜでしょう?

文の中の情報には「古いもの」と「新しいもの」があります。その文脈で聞き手にとって既知のものは**旧情報**、未知のものは**新情報**と呼ばれます。この2つは原則として「**旧情報→新情報**」の順に置く**のが自然**とされています(どの言語でもそうです)。

上の**1**と**2**では、the bookが旧情報でa childが新情報とみなせます(theは既知のもの、aは新しく出たものにつくのが普通だからです)。

**1.** I gave <u>a child</u> <u>the book</u>.
　　　　　新　　　旧

**2.** I gave <u>the book</u> **to** <u>a child</u>.
　　　　　旧　　　　　新

ごらんのように、自然な順序になっているのは**2**のほうですね。

 **Data Research**

　Google Books Ngram Viewerというサイトで「give $O_1$ + $O_2$」・「give A to B」の語順と冠詞a・theの関係を調べてみました。ここでは英語の本の膨大なデータから単語や語句の使用頻度をグラフの形で見ることができます。縦軸が頻度、横軸が年代です。

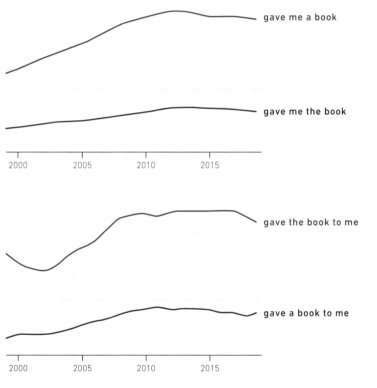

出典：Google Books Ngram Viewer
http://books.google.com/ngrams

give $O_1$ + $O_2$の場合はme + **a book(新情報)**が多く、give A to Bでは**the book (旧情報)** + to meが多いです（ただし語順の決定には情報の新旧だけでなく多くの要因が関係します）。

和訳すると違和感がある表現でも「**旧情報→新情報**」の流れを意識するとしっくりくるようになることがあります。

ひとつ例をあげましょう。講演会などで司会者が次のように言うことがよくあります。

**a.** Let me introduce Dr. Johnson.

**b.** Let me introduce you to Dr. Johnson.

**c.** I want you to meet Dr. Johnson.

**a**は「ジョンソン博士をご紹介します」ですから問題ありません。でも**b**になると、和訳して「えっ？ 『博士にみなさん(you)を紹介する』なの？『みなさんに博士を紹介する』でしょ？」ととまどう人がいるでしょう。

でも情報の流れから見るとyouは目の前にいる人々だから旧情報、ここで初めて紹介される博士は新情報とみなせるので、**b**のほうがLet me introduce **Dr. Johnson to you**.よりむしろ自然なのです。

情報の流れを見てみましょう。

**b.** Let me introduce <u>you</u> **to** <u>Dr. Johnson.</u>
　　　　　　　　　旧　　　　　　新

**c.** I want <u>you</u> to meet <u>Dr. Johnson</u>.
　　　　　旧　　　　　　　新

　<u>みなさんに</u><u>ジョンソン博士</u>を紹介しましょう
　　旧　　　　　新

　**b**も**c**も「旧情報→新情報」になっていますね。あれ？　日本語もちゃんと「旧情報→新情報」になっていますよ！

---

 **Data Research**

　SVO$_1$O$_2$とSV A to Bにはもっと本質的な違いがあります。
「私にキスして(Kiss me.)」をgiveを使って表現するなら次のどちらが自然でしょう？

　**1.** Give me a kiss.

　**2.** Give a kiss to me.

　Lyrics.comという英語歌詞検索サイトで調べてみると、give me a kissは253曲で使われているのに、give a kiss to meはひとつもありませんでした（なお、ついでに調べたところ、give me your kissは11曲、give your kiss to meは0曲でした）。これは歌いやすさも一因かもしれません。
　ただ、書籍のデータに基づくGoogle Books Ngram Viewerで調べてもgive me a kiss に比べgive a kiss to meは非常に少ないのです。

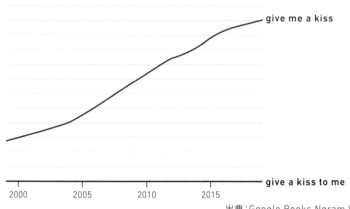

give me a kiss

give a kiss to me

2000　　　　　2005　　　　　2010　　　　　2015

出典：Google Books Ngram Viewer
http://books.google.com/ngrams

　ここでもう一度、「SV A to B」という表現のSPO構造を思い出してください。

**He gave *the book* to me.**
　　　　　　　**S** ·······→ **O**

　上の文はthe bookが文の主語Heから移動し、meに達したことを表しています。ということは、He gave a kiss to me.と言うと、Heが持っていたa kissをmeに移動させたという意味になりますが、a kissは所有や移動ができるものではないのでこれは変です。

　これに対してgive me a kissはa kissの移動を意味するわけではなく、meがa kissという行為を受けたことだけを意味しているので自然なのです。

注）ただし、どう考えても移動ではないのにA to Bになっている例もいくつかあります。
　　give birth to a child「子どもを産む」という「熟語」は、誕生が母から子に移動するわけではないのに、なぜかこんな形です。give a child birthとは言いません。

SVO$_1$O$_2$が好まれるほかの例も見てみましょう。

SVO$_1$O$_2$が好まれる例

**a.** He gives **me** *a headache*.

**b.** ？ He gives *a headache* to me.

**c.** I gave **him** *a kick*.

**d.** ？ I gave *a kick* to him.

　**a**と**c**は普通ですが、**b**と**d**はほとんど使われません。「彼といると頭が痛くなる」のは彼が自分の頭痛を私に渡すわけではありません。「私は彼をけった」の場合も同じですね。

　反対にSV A to Bが普通でSVO$_1$O$_2$は少ないという場合もあります。

SV A to B が好まれる例

**a.** ？ Can I send **Europe** *a letter* with a regular stamp?

**b.** Can I send *a letter* to **Europe** with a regular stamp?

「普通の切手でヨーロッパに手紙を送れますか」と言いたいなら**b**が普通です。
　なぜでしょう？　SVO$_1$O$_2$ではO$_1$はO$_2$の「受け手」です。send **him** a letterならhimが手紙の受け取り人だからいいですが、**a**はEuropeという場所が手紙を受け取るわけではないので**b**より不自然です。一方、SV A to BのBは受け手でも単なる場所でもかまいま

せん。**b**のEuropeは手紙の移動先の場所だから不自然ではないのです。

　では、次の文はどうでしょう？

**c.** The UK sent **Ukraine** *cruise missiles*.

　　イギリスはウクライナに巡航ミサイルを送った

　この文ではUkraineは単なる場所を指すのではなく、ミサイルを受け取るウクライナの政府やその人々を指していると考えられるので、$SVO_1O_2$で自然なのです。

注）このように、あるものを指すためにそれと関係が深い言葉を使うことをメトニミー（換喩）と呼びます。アメリカの大統領（大統領府の人々）をthe Whitehouseという建物で指すのもメトニミーです。

## ▶▶ SPO理論ではgive A to Bも第5文型？

　さて、この本を読みながら考えてきたするどい読者のみなさんの中には、ひょっとするとこんな疑問を持った人がいるのではないでしょうか。

　「give A to Bの、**Aとto Bの間に主語と述語の関係**があって、『giveという行為の結果、Aがto Bになる』というのなら、ひょっとしてgive A to Bという文は、make me happyのような「第5文型（SVOC）」の一種と考えてもいいのかしら？」

　まさしくそのとおりだと思います。みなさんは「SVOCの文では、**OとCが主語と述語の関係**、つまり『OがCだ／OがCになる』という関係になる」と英文法の授業で習った記憶があるでしょう。SPO式に考えると、give A to Bは確かにSVOCということになりますね。

　でも、こんなことを言うと、「ばかばかしい、give A to Bは第3文

型に決まってるじゃない。SVOにto＋名詞という修飾語がついてるだけなんだから」と思われる方もいるでしょう。

　私は別に「学校文法」で定着している考え方に異議をとなえたり、それを変える運動を起こしたりするつもりはありません。

　ただ、give A to BをSVOC的に考えることで、おもしろいことが見えてくるなら、そう考えてみるのも悪くないのではないでしょうか。

　**文法とは、言葉という「多面体」に対する視点のとり方、光の当て方**みたいなもので、民法や刑法とは違います。むしろ絵画における遠近法のほうが文法に近いかもしれません。絶対守らねばならないとか、ナントカ理論が絶対正しいとかというたぐいのものではないと思うのです。

　というわけで、この本ではこれからも大胆に「**SVOCの拡張**」みたいな考え方をあちこちで試みたいと思います。

## ▶▶ 良いspare ... for、悪いspare ... for

　for =「〜の（利益の）ために」、to =「〜に」というような「和訳思考」ではけっして理解できない例をもう少し紹介しましょう。

　spareはSVO$_1$O$_2$型の動詞です。しかし同じSVO$_1$O$_2$でも２つの違う意味があります。次の２つの文を見てください。

**a.** He spared me a few minutes.

**b.** He spared me a lot of trouble.

**a**は「彼は私に少し時間を**さいてくれた**」、**b**は直訳すると「彼は私にたくさんの手間を**省いてくれた**」つまり「彼のおかげで私は大いに手間が省けた」という意味です。どちらも「私のため（＝利

益）」になる行為だと言えますね。もしfor＝「〜のために」でいい
のなら、どちらもforを使って書き換えられるはずです。

　ところが**a**はforで書き換えられるのに、**b**はforやtoによる書き換
えができないのです！

> **a.** He spared me a few minutes.
>
> 　　彼は私に少し時間を割いてくれた
>
> ＝ **a´.** He spared a few minutes **for** me.
>
>
> **b.** He spared me a lot of trouble.
>
> 　　彼は私の手間を大いに省いてくれた
>
> ≠ **b´.** ☒ He spared a lot of trouble **for [to]** me.

　いったいなぜなのでしょうか。

　SPO理論で考えてみましょう。**a´**では**a few minutesは彼からme
に与えられる**わけですね。だから**a few minutes** + **for me**「a few
minutesがmeに向かう」という形で表すことができます。

　ところが**b´**ではtroubleはmeに与えられるわけではありませんね。
むしろ逆で、「**彼によってmeがtroubleから解放される**」と言った
ほうがいいでしょう。ところがa lot of trouble for meあるいはa lot
of trouble to meとすると、「troubleが私に向かう、達する」とい
うまったく逆の意味になってしまいます。

> **a.** He spared me a few minutes.
>
> 　　彼は私に少し時間を割いてくれた
>
> ＝ **a´.** He spared _**a few minutes**_ <u>for</u> <u>me</u>.
>
> 　　　　　　　　**S** →··············· **O**

**b.** He spared me a lot of trouble.

彼は私の手間を大いに省いてくれた

≠ **b′.** ☒ He spared ***a lot of trouble*** **for [to] me**.

S →·························· O

saveという動詞にも 2 つの意味があります。これも$SVO_1O_2$の形ではあまり違いが見えません。

**c.** He saved me a seat.

彼は私に席を確保してくれた

**d.** He saved me a lot of trouble.

彼は私の手間を大いに省いてくれた

**c**はHe saved a seat **for** me.に書き換えても自然です。そのseatは私に**与えられるべく確保された**わけですから。つまり前に見たbuy A for Bタイプに属するわけです。

一方、**d**のほうは、He saved a lot of trouble for[to] me.とすると不自然になります。「私の手間を省く」というのは、いわば**私をtroubleから解放する**ことですね。ところが***trouble* for[to] me**の部分をSPO式に考えると、まるでtroubleがこれから私に与えられるかのように正反対の意味になります。

**d′.** ☒ He saved ***a lot of trouble*** **for** *me*.

S →··············· O

事実、私のアメリカ人コンサルタントの一人も、He saved a lot of trouble **for** me. と言うと、He made a lot of trouble **for** me. 「彼

は私に多くの面倒を起こした」と同じような意味に聞こえると言っています。この意見からも、ネイティブスピーカーがSPO構造をいかに意識しているかがよくわかりますね。

dとほぼ同じ意味をfromで表すことはあります。これならおかしな意味になりませんね（これは121ページであつかっている表現と同じ構造で、meがa lot of troubleから離れていきます）。

**e.** He saved _**me**_ <u>from</u> **a lot of trouble**.
← S ·························· O

# 03

## ofとfrom
## 「～に」にダマされるな！

▶▶ ask a favor toではなぜダメなの？

さて、先ほどと同じSVO$_1$O$_2$型の動詞askを考えてみたいと思います。

May I ask you a favor?「あなたに頼みごとをしてもいいですか」はMay I ask _**a favor**_ of you？と書き換えられます。いったい**なぜ「～に」がofになる**のでしょうか。どうしてMay I ask _**a favor**_ to [for] you？ではないのでしょうか。

実はこのofは「～の」ではありません。このofには、of本来の意味「**分離：～から離れて**」の意味が生きているのです。ofはもともと次のようなイメージの意味を持っていました。

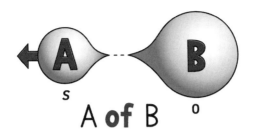

A **of** B

ofと分離を表す前置詞offとは、もともと同じ単語だったのです。

favorとは「好意、親切な行為」という意味です。ask **a favor** of **you**の文字通りの意味は「あなたから好意を求める」なのです。つまり**好意はyouから出て私に与えられる**のです。SPO式で考えてみてください。

ask ***a favor*** of ***you***
← S ········· O

***a favor*** to ***you***や***a favor*** for ***you***とすると、逆に好意がyouに与えられることになってしまいます。それではyouに頼みごとをするという意味は表せませんね。

次の『不思議の国のアリス』（*Alice in Wonderland*）の例も、ask A of Bの形です。

Alice felt so desperate that she was ready to ask ***help*** of
    S  P
**anyone**.
  O

アリスは必死だったので、だれにでもいいから助けを求めようとした

Aliceはhelpをanyoneから得ようとしているわけですね。

ただし、現代の英語では、ask A of Bの形でよく使われるのは

「ask a favor of 人」のパターンぐらいで、「ask a question of 人」も辞書には載っていますが、頻度は低いです。それでも受身の文などではよく見かけます。

> **a.** Listen carefully to **the question asked** of you.
>
> あなたにされる質問をよく聞きなさい

　この場合、question自体はyouに向かうのですが、その結果、答え（情報）はyouから出るのでofが使われるのかも知れません（toを用いる人もたまにいるようです）。

　このタイプの動詞の構造は次の通りです。

[ ask型の動詞の構造 ]

$$\text{V + A of [from] B}$$
$$\overset{\longleftarrow}{\text{S}} \cdots\cdots\cdots\cdots\cdots \text{O}$$

**AをBから求める**

　ask、begのほか、SVO$_1$O$_2$ の形はないけれど**V + A of [from] B**の文型を持つ動詞には、expect、require、demand、そしてneedなどがあります（need をfromとともに用いることを載せていない辞書がなぜか多いようですが）。例を見てみましょう。

## ▶▶ 「人に期待する」はどう言うか

「親は子どもに多くを期待し過ぎる」はどう言えばいいでしょうか。この意味を英語で表そうとして「日本語思考」で次のような文を作ってしまう人がたくさんいます。

**a.** ☒ Parents expect _**too much**_ <u>to</u> <u>their children</u>.
　　　　　**S**　　**P**　　　　**O**


　これは自然な英語ではありません。SPO関係をチェックしてみてください。そう、_**too much**_ + **to their children**では、too muchがchildrenに**与えられる**ことになってしまいますね！

　正しくは次の通りです。


**b.** Parents expect _**too much**_ <u>from</u> <u>their children</u>.
　　　　　**S**　　**P**　　　**O**


「子どもに多くを期待し過ぎる」とは、言い換えれば「多くのものを**子どもから得ようとする**」ということです。

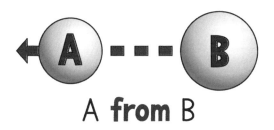

A **from** B

　A from BはAがBから離れ、遠ざかることを表します。

　bには_**too much**_ + **from their children**「多くのものが子どもから出て」というSPO関係が含まれていますね。

　expect A (out) of Bでもほぼ同じ意味になります（インターネットの英語ではfromのほうがかなり多いですが、多くの辞書にはof、out ofのほうが先に載っています）。

　私のデータではexpect A from B が1684件、expect A of Bが840件でした。なお、expect は $SVO_1O_2$ 型の文も使えませんから

Parents expect their children too much.もダメです。

needも同じです。Billy Joelのなつかしいヒット曲*Honesty*には
need A from Bが出てきます。

**Honesty is hardly ever heard, but mostly what I need from you.**
誠実という言葉を人はほとんど口にしないが、それがいつも君に求めるも
のなんだ

「僕が君から必要としているもの」と直訳するとあまり自然な日本
語になりませんね。でも英語として自然なのはI need *honesty*
**from you**.なのです。

---

 **Data Research**

needとwantがどんな前置詞と一緒に使われているかを私が集め
たデータ（映画・ドラマ・スピーチ・ニュース・雑誌など）で調べてみま
した。

| want 物 from 人 | 819 | need 物 from 人 | 120 |
|---|---|---|---|
| want 物 of 人 | 65 | need 物 of 人 | 2 |
| want 物 to 人 | 0 | need 物 to 人 | 0 |

インターネット上では、toを使っているのは日本・韓国のサイト
が目立ちます。日本語と韓国語の構造が似ているせいでしょうか、
それとも同じような英語の教え方をしているせいでしょうか。

## ▶▶ order A to B がいけないワケ

「和訳思考」に気をつけたい動詞はまだまだあります。

日本人は「その**書店に本を注文した**」という文を英語にするとき、よく「日本語思考」で次のような間違った英文を作ってしまいます。

**a.** ☒ I <u>ordered</u> a book **to** the bookshop.

どうしてこれではいけないのでしょうか。これもSPO方式で考えれば疑問は氷解、すっきりします。

まず日本語から分析してみましょう。「書店に本を注文する」という日本語の構造はこんな感じだと思われます。

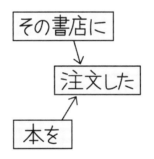

おそらく、日本人が**a**のような文を作ってしまうのは、「**その書店に対して、本の注文という行為をした**」と日本語的に考えるからでしょう。「〜に対して」と考えるからtoが浮かぶのでしょう。日本語の文では「その書店に」と「本を」の間には何の意味関係もありません。

でも英語の動詞orderのしくみはまったく違うのです。SPOで考えてみましょう。「その書店に本を注文した」に相当する正しい英文はこうなります。

**b.** I ordered *__a book__* __from__ **the bookshop**.
　　　　 S　　 P　　　　 O

order　　a book　**from**　the bookshop

　つまり「本がその本屋**から**届けられるように命じる」というのが**b**の文の意味の構造です。言い換えるとorder A from Bには**order A to be sent from B**という意味構造が隠れていたのです！

　では、もし**a**のように I ordered *a book* to the bookshop.とすると、どんな意味になるのでしょうか。

　もしかして——

**a´.** I ordered *__a book__* __to__ __the bookshop__.
　　⋯⋯⋯ S ——————→ O

　そのとおり、**a**では「**本をその本屋に届ける**ように頼む」( = order the book to be sent to the bookshop) という意味になってしまうのです！

　**a**の文は、order＝「注文する」、to＝「〜に」という和訳思考が生み出した間違いだったわけです。「**和訳≠意味**」でしたね。orderという動詞の持つSPO構造を知ったみなさんは、もう二度と**a**のような間違いはしないでしょう。これではじめて「orderの意味を知っている」と胸を張れます。

## ▶▶ hideと「隠す」の違い

　hideも、SPO構造を認識していないせいで、日本人が間違いやすい動詞です。「彼女はその事実を**親に**隠していた」を次のように間違う人がたくさんいます。

| **a.** ☒ She <u>hid</u> the fact **to** her parents.

　これもorderの場合と同じで、私たち日本人は、「『**事実を隠すという行為**』を、**親に対して**行う」という考え方をするのです。それをそのまま英語にあてはめようとするから間違うのです。正しい英文は次のようになります。

| **b.** She hid **_the fact_** <u>from</u> **her parents**.
|  　　　← S ·························· O

　これと正反対の意味を持つ、次の文と比べてください。

| **c.** She told **_the fact_** <u>to</u> **her parents**.
|  　　　········ S ⟶ O

　SとOの関係に注意してください。hideとはつまり、**the fact**（＝S）を**her parents**（＝O）から引き離しておく行為なのです。**the fact** + **to her parents**なんてやったら、秘密が親のところに行っちゃってバレてしまいますよ！
　hide A from Bのしくみは、次の文とまったく同じなのです。

**d.** She kept *the fact* from **her parents**.

彼女はその事実を親に隠していた

**d**の文字通りの意味は「事実を親から離れた状態に保った」だから「事実を親に隠していた」の意味になるのです。the factとfrom her parentsの間に「事実が親から離れている」という主述関係が成り立っていますから、これもSVOC的構造です。keep the fact secretと同じ構造ですね。

あわせて次の関係もつかんでください。

[ 自動詞のhideと他動詞のhide ]

**A hide from B**　　**A**が**B**から**隠れる**（自動詞）

**hide A from B**　　**A**を**B**に**隠す**（他動詞）

上はSVC的、下はSVOC的構造の文ですが、両方ともA from B「AがBから離れている」というSPO関係が含まれていますね。上はたとえばHe hid from the bully.「彼はいじめっ子に見つからないように隠れた」のように使います。

英語にはこんなふうに主語を目的語の位置に移すだけで自動詞と他動詞を切り換えられる動詞がたくさんあります。たとえばA apply to B「AがBにあてはまる」とapply A to B「AをBにあてはめる」などもそうです。

▶▶ 「貸す」と「借りる」が同じ単語？

今度は、貸し借りを表す動詞を考えてみましょう。

**a.** I lent *some money* to a friend.

　　　‥‥‥‥ **S ━━━━━→ O**

友人に金を貸した

**b.** I borrowed *some money* from a friend.

　　　**← S** ‥‥‥‥‥‥‥‥ **O**

友人から金を借りた

「借りる」と「貸す」の対立も、SPO関係ではっきりわかりますね。お金が移動する方向が逆です。ところが日本語では「人から物を借りる」とも「人に物を借りる」とも言えるので注意しましょう。英語では決してborrow A to Bとは言いません。

　ここで覚えておきたいのはrentの使い方です。「レンタル」(rental)、「レンタカー」(rent-a-car) などになじんでいる日本人は「〜を有料で借りる」という意味だけだと思いがちです。ところが、実はこの動詞にはもうひとつの使い方があるのです。次の2つの文を比べてみてください。

**c.** I rented *a room* from this guy.

この男から部屋を借りた

**d.** I rented *a room* to this guy.

この男に部屋を貸した

「〜を借りる」と「〜を貸す」が同じ単語というのは奇妙ですが、要するにrent自体には「お金で〜の使用権を移す」ぐらいの意味しかなく、使用権を移動させる方向は前置詞が決めるというわけなのです（頻度的には「借りる」のほうがずっと多いのですが）。

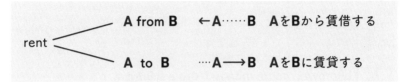

〔 借りるrentと貸すrent 〕

rent ─── **A from B** ←A……B **AをBから賃借する**

rent ─── **A to B** …A⟶B **AをBに賃貸する**

## ▶▶ 「〜に欠席する」とabsent from

　もうひとつ日本語と英語のしくみがはっきり違う表現を見ておきましょう。次の文は実際に日本人が書いたものですが、どこがおかしいでしょうか。

| **a.** ☒ Miss Fukuyama was <u>absent</u> **at** the party.

「フクヤマさんはパーティーに欠席していた」と言いたいのでしょうが、be absent atは標準的な英語ではありません。次の文を比べてみてください。

| **b.** *Jennifer* was <u>present</u> **at the party** yesterday.
　ジェニファーはきのうパーティーに出席していた

| **c.** *Jennifer* was <u>absent</u> **from the party** yesterday.
　ジェニファーはきのうパーティーに（を）欠席していた

　これもorderやhideに似ています。日本語では、「パーティーに欠席する」と言います。すなわち、日本人は「ジェニファーは**パーティーの場において欠席**という状態にある」あるいは「ジェニファーは**パーティーに対して欠席**という行為をする」というような認識を

しているのでしょう。

しかし、英語ではそういうとらえ方をしません。英語では、欠席という状態を「**人がある場所から離れている**」と表現するのです。だからA be absent **from** Bが正しいのです。**c**には*Jennifer* + from **the party**「ジェニファーがパーティーから離れている」というSPO関係が含まれています。一方、absentの反対語presentの文には*Jennifer* + **at the party**という関係が含まれています。つまり、上の2つの文のSPOはそれぞれ次の文と同じしくみなのです。

**d.** Jennifer is **at** home.
ジェニファーは家にいる

**e.** Jennifer is **away from** home.
ジェニファーは家にいない

これを理解すれば、なぜfromを使うかがはっきりしますね。

**Give it a try**

次の（　　　）にあてはまる前置詞は何ですか？

**1.** I have no secrets (　　　) you.
**1** from　　**2** to　　**3** for

**2.** He kept the secret (　　　) himself.
**1** from　　**2** to　　**3** for

**3.** Bill was fired (　　　) his job as a security guard.
ビルは守衛の仕事をクビになった

### 解説

**1**はI have no secrets **from** you.が正解。日本語的に言うと「私はあなたに対して秘密を持っていない」ですが、SPOで考えてみると、secretとは「人から引き離されている情報」だからtoではなくfromを使います。

**2**はHe kept the secret **to** himself.が正解。「彼はその秘密を自分の胸にしまっておいた」という意味です。**a**とは逆に、secretはhimselfだけに達している（くっついている）状態なのです。（→p. 67「所属のto」）

**3**は和訳を見ていてもわかりません。*Bill* + ( ? ) **his job**というSPO関係を意識し、「Billがクビになる」とはBillと仕事がどんな関係になることかを考えてください。もちろん、Billは仕事から離れるのですね。だから正解はfromです。**3**の文はfire A from Bの受身で、A be fired **from** B「AがB（仕事）をクビになる」です。

ついでにA resign **from** B「AがBを辞める」も考えてください。こちらは自分で仕事から離れるのです。これもA from BというSPO関係を含んでいますね。

# 04

## 到達・所属・所有の前置詞たち

▶▶ 到達のtoから所属のtoへ──プロセスと結果

さて、ここでもう一度give A to Bに戻って考えてみたいと思います。

give A to B型の動詞では、その行為により「AがBに達する」という意味が含まれていることはすでに見ました。言い換えると、**give A to B**「AをBに与える」という行為の結果、A to B、つまりA belong to B「AはBに属している／AはBのものである」という状態が生じるということです。これは次のように表せます。

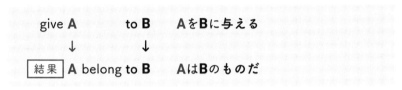

[ giveの結果、belong toが生じる ]

give **A**　　　　to **B**　　　**A**を**B**に与える
↓　　　　　　　↓
結果 **A** belong to **B**　　　**A**は**B**のものだ

「Bに与えられたものはBのもの」というあたりまえの理屈です。このプロセスから、toは自然に「**所属・帰属**」の意味を持つようになります。A belong to Bでは、toの意味のうち、「**移動の方向**」ではなく、「**到達**」の部分のみに「スポットライト」が当たっているわけです（語の意味のある部分だけが強調されることを認知意味論では「プロファイルされる」と言います）。toの意味が変わったというより、toの意味スキーマの違う部分が機能しているのです。

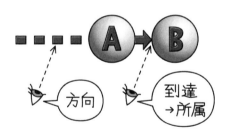

「所属のto」の表現をいくつか見てみましょう。どの前置詞の主語（斜字体の語句）も目的語（toの後ろの太字の語句）に所属・帰属していることをひとつひとつ確かめてみてください。

**a.** ***The money*** belongs **to him**.

その金は彼のものだ

**b.** ***This software*** is licensed **to Mr. Smith**.

スミス氏はそのソフトの使用許可を与えられている

**c.** ***My high school*** is attached **to the college**.

私の高校はその大学に付属している

**d.** There is ***no index* to the book**.

この本には索引がない

**e.** ***the secretary* to the president**

社長の秘書

**f.** ***This custom*** is peculiar **to Japan**.

この習慣は日本独特だ

**g.** There is ***more* to soccer** than meets the eye.

目に見える以上のものがサッカーにはある（見かけより奥が深い）

▶▶ 「結婚している」be married toの起源

次の文を見てください。

**a.** *He* is <u>married</u> **to Lucy**.

　彼はルーシーと結婚している

　このtoを日本人はよくwithにしてしまいます。これまた、with =「と」という「和訳思考」の産物です。be married toの起源をさぐってみましょう。

　実はmarryという動詞には「〜と結婚する」以外に「〜を結婚させる」という使役的な用法もあるのです。marry A **to** B「AをBと結婚させる」はgive A **to** Bと同じタイプの表現です。A be married to Bはmarry A to Bが受身に変形されて生まれた表現なのです。

[ 「結婚している」はmarry A to Bの受動態 ]

| marry **A** | to **B** | **A**を**B**と結婚させる |
|---|---|---|
| ↓ | ↓ | |

| 結果 **A** be married to **B** | | **A**は**B**と結婚させられている |
|---|---|---|
| | | ＝結婚している |

　変形されても**A to B**というSPO関係は変わっていませんね。結婚とは、人間が相互に所属する──つまりお互いのものになる──契約だと考えていいでしょう。次のような言葉の存在も、先の例のtoが所属のtoであることの裏づけかもしれません。

In marriage, a husband and wife belong **to** each other.

婚姻関係において夫婦はお互いのものである

（結婚式のときに牧師さんが言う言葉）

　そういえば、言葉にひねくれた定義を与えていることで有名なビ

アス（Bierce）の『悪魔の辞典』（*The Devil's Dictionary*）でmarriage「結婚」を引くと次のように書かれています。

> Marriage, n. A community consisting of a master,
> a mistress, and two slaves, making in all two.
>
> 結婚、名詞。1人の主人と1人の女主人と、2人の奴隷から構成されているのに、合わせて2人しかいない共同体

　ちなみに、slave「奴隷」とその主人を結合する前置詞も「所属のto」なのです！

　　**the slave** to the master
　　＝ **the slave** who belongs to the master
　　その主人の奴隷

**Give it a try**

　それでは復習とチョットだけ応用です。
　（　　　）に入る前置詞はそれぞれ何でしょう。

**1.** Tom got married (　　　) Nicole.
　　トムはニコールと結婚した

**2.** Tom got divorced (　　　) Nicole.
　　トムはニコールと離婚した

　次の文は「彼はいま家を1人で好きなように使える」という意味です。どうしてそのような意味になるか、説明してみてください。

**3.** He has the house to himself now.

## 解説

　**1**は復習です。Tom got married **to** Nicole.が正解。withではありませんね。A be married to Bが「結婚している」という状態を表すのに対して、A get married to Bは「結婚する」という行為を表します。注)
　**2**は応用です。Tom got divorced **from** Nicole.が正解。次のSPO関係を見てください。

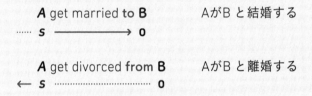

　結婚とはAがBに所属することでしたね。とすれば離婚はその反対で、AがBから離れること。むずかしくありませんね。こうして結婚と離婚を並べてしっかりSPOを意識しておけば、もう前置詞を間違えることはありません。

注)「AがBと結婚する」はA marry Bのほうがずっと普通です。get marriedはむしろ相手を特定せずにHe got married.「彼は結婚した」と言ったり、They got married.「2人は結婚した」のように使ったりするのが普通です。

　**3**の表現のSPO構造はこうです。

　　have **<u>A</u>** <u>to</u> **<u>oneself</u>**
　　　　S P　　O

「Aを自分だけに所属した状態で持っている」のですから「Aを独り占めしている」という意味になるわけです。
　映画『恋人たちの予感』(*When Harry Met Sally*) に、大みそかの夜、みんなパーティーに出かけてだれもいなくなったニューヨークの街を歩きながら、主人公のHarryがこんな強がりを言うシーンがあります。

> This is much better, fresh air, I have the streets all to myself.
> こうしてるほうがずっといいよ。空気はきれいだし、街は独り占めだし

## ▶▶ 所属のtoと所有のwith

これまでtoという前置詞が「**到達**」の意味から「**与える**」系の表現に用いられ、そしてその結果としての「**所属・帰属**」の意味へと発展していくようすを見てきました。

ところが、「与える」という意味の動詞には、to以外の前置詞と結びつくグループがあります。provideのグループです。

### ［ provide型の構造 ］

**provide A with B**
　**A に B を与える**

はじめてこの動詞を習ったとき、どうしてこれが「AにBを与える」なのか、ちょっと不思議に思った人もいるのではないでしょうか。でもおそらくほとんどの人は、丸ごとそういう意味だと暗記したと思います。これをちょっと再考してみましょう。

まず次の英語の意味を考えてみてください。

### a. <u>*the man*</u> <u>**with**</u> <u>**information**</u>
　　　　*S*　　　P　　　　O

そう、「情報を持っている男」ですね。the man **who has** informationと同じことです。つまりこのwithはごくありふれた「所

有」の意味です。with informationは名詞the manにかかっています。「AがBをともなっている」がwithの基本です（下図）。

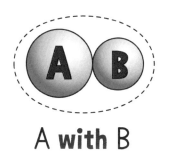

A **with** B

では次の文を見てください。

**b.** He provided ***the man*** **with** **information**.
           **S**        **P**         **O**

彼はその男に情報を与えた

太字の部分にさきほどと同じフレーズが入っていますね。もちろんこのwithはthe manに直接かかっているわけではありませんが、SPO的に考えると、**意味的な関係は同じです**。*the man* + with information「その男が＋情報を所有した状態」なのです。
「**与える**」という行為と、「**所有している**」という状態との関係を考えてみてください。人にものを与えれば、結果としてその人はそれを所有した状態になりますね。**与える（give）の結果は所有（have）なのです**。「**与える**」とは「**所有させる**」ことなのです。

次の各表現で、それぞれ動詞が表す行為によって、その下の結果が生じることに注目してください。これらの動詞はすべて同じタイプに属しています。

**a.** <u>fill</u> *the bottle* with **water**.　ビンに水を満たす

（結果）*the bottle* with **water** (in it)　水の入ったビン

**b.** <u>cover</u> *the table* with **a cloth**.　テーブルをクロスでおおう

（結果）*the table* with **a cloth** (over it)　クロスのかかったテーブル

**c.** <u>provide</u> *the man* with **information**.　人に情報を与える

（結果）*the man* with **information**　情報を持った人

　辞書でwithを引いてみると、**a**のような用法は、「材料」を表す用法のひとつとして、make a cake with milk and eggs「ミルクと卵でケーキを作る」のような例と一緒にされていたりします。確かに**a**などは「ビンを水で満たした」と訳してもいいでしょう。水はビンを満たすための「材料」というわけです。

　しかし、これをSPO理論で考えてみるとどうなるでしょうか。

　先の3つの文に共通していることがあります。**V + A with B「AにBを与える」**という行為の結果、**A + with B「AがBをともなう＝所有する」**という状態が生まれるということです。

　give型とprovide型を一緒にまとめてみると、次のようになります。

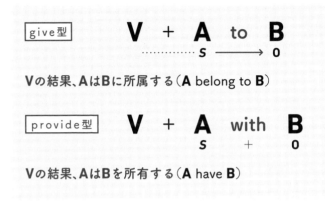

[ 「与える」を表す2つのタイプの動詞 ]

give型　　**V + A to B**
　　　　　　　S ——→ O

**V**の結果、**A**は**B**に所属する（**A** belong to **B**）

provide型　　**V + A with B**
　　　　　　　S　　+　　O

**V**の結果、**A**は**B**を所有する（**A** have **B**）

give型とprovide型ではAとBに来るものが逆転していることに注意してください。give A to BではAが与えられるもの、Bが受け手ですが、provide A with BではAが受け手、Bが与えられるものですね。文の構造としてはどうでしょうか。

　　provide　*A*　with B
　　　V　　　O　　　C

provide A with Bは、「**A**を**with B**の状態にする」＝「Bを所有した状態にする」という意味だとみなせます。つまりprovide him **with** a lot of moneyのしくみは、make him richと同じ**SVOC**的なしくみだと考えることができます。

　さて、ここからもう少し発展です。 provide型の動詞が受身形になると、「AがBを与えられている」→「AがBを持っている」となり、さまざまな所有（have）を表す表現が生まれます。

**a.** <u>equip</u> **A with B**　AにBを備え付ける

→ **A** be equipped **with B**　AがBを装備している

**b.** <u>bless</u> **A with B**　（天が）AにBを恵む

→ **A** be blessed **with B**　AがBに恵まれている

**c.** <u>endow</u> **A with B**　AにBを授ける

→ **A** be endowed **with B**　AがBに恵まれている

注）実際の使用頻度では、equipは**A equipped with B**「**B**を備えた**A**」という名詞修飾の形が実に約90%をしめます。要するにA equipped with B = A with B = A which have Bなのです。
　　例：a car **equipped with** air bags「エアバッグを装備した車」

## ▶▶ withの意味は本当に「理由」?

　withを英和辞典で引くと、[原因・理由] という項目があって、He is in bed **with** a cold.「彼はカゼで寝ている」というような例文が載っています。確かにカゼは寝ている理由なのですが、ここで「withは理由を表す」と考えてしまうと、そこで理解も止まってしまいます。少なくともこのwithには、「because は『理由』を表す」というのと同じ意味における「理由」の意味はないと思います。

　ちょっと、（私の大好きな）Collins Cobuild英語辞典でwithを引いてみましょう。8番目の項目にこうあります。

　　Someone **with** an illness **has** that illness. *I spent a week in bed with flu.*

　説明を直訳すると「**with** an illnessの人はその病気を**持ってい**

る」となります。「原因・理由」などという言葉はどこにもありません。

　この例文に含まれるI + **with** flu = I **have** flu.「私がインフルエンザを持っている」というSPO関係を考えてください。この文の文字通りの意味は「私はインフルエンザを持った状態で1週間寝てすごした」です。

　withに「理由」の意味があるのではなく、この文を読んだ人が「インフルエンザ＝寝ていた理由」と解釈するだけのことなのです。

　それでも「やっぱりこれは『理由』だ」と言ってきかない人は、次のような文を見たら「このwithは『譲歩』だ」とか言い出すかもしれません。

　**a.** I worked **with** a fever of 102.2.

　なるほどこの文は「39度（=華氏102.2度）の熱があるのに仕事した」と訳せますが、「のに」はwithの「意味」ではありません。それはこの文の内容が「熱があれば仕事は普通休むもの」という考えに反していることから出てきた「解釈」に過ぎません。

　この文でもwithはI + **with** a fever=I **have** a fever.という意味を表しているだけです。この文の文字通りの意味は「私は39度の熱を持った状態で働いた」だけなのです。

　次のように、所有を表す構造A + with Bの一例に過ぎないのです。

　**A**（人）+ **with B**（病気・症状）
　**A**が**B**にかかっている

　ここでひとつ応用です。病気に関係するinfectという動詞を見ましょう。

**b.** <u>infect</u> *the man* with **COVID-19** 　人を新型コロナウイルスに感染
させる

（結果）　*the man* with **COVID-19** 　新型コロナウイルスにかかった人

　　　= the man **has** COVID-19


**cf.** *The man* <u>is infected</u> with **COVID-19**.

　　その人は新型コロナウイルスに感染している


　おわかりのように、この動詞はprovide A with Bタイプです。このA with Bも、He is in bed **with** a cold.に含まれている〈人＋with 病気〉のSPO関係とまったく同じなのです（なお、infectは80％以上が〈A be〉infected with B「〈Aが〉Bに感染している」という形で使われます）。

　このように、英語では「病気［症状］にかかっている」はすべて「病気［症状］を持っている」という**所有のメタファ**で表されるのです。「彼はガンだ」はHe has cancer.です（間違えてHe is a cancer.なんて言ったら、まるで彼がやっかい者だと言ってるみたいです。cf.「彼はうちの会社のガンだ」）。同じく「彼は下痢だ」もHe has diarrhea.です。

　いままでの話をSPO関係でまとめてみます。所有と所属は、次のようにSとOが逆転していることを覚えておいてください。


　　　　　　　　[ 所有のwithと所属のto ]

A with **B**（= A have **B**） 　　　**A**が**B**を所有している

B to **A**（= B belong to **A**） 　　　**B**が**A**に所属している


注）provide型の動詞にはto のパターンも使えるものが多いです。provide A with B = provide B to Aなのです（多くの辞書ではforが先に書かれていますが、むしろtoを用いることが多いようです）。どちらのパターンが使われるかは、文脈により、AとBのどちらを主題にするかで決まります。またfill A with B→fill B in Aのように、to以外の前置詞を用いる動詞もあります。

　次の文はどこがおかしいでしょうか。どんな意味になるでしょう（辞書を使ってもかまいません）。


**1.** I decorated white roses for you.


### 解説

　ある日本の女性歌手のヒット曲にこれとそっくりの英語の歌詞がありました。彼女はイギリスでもコンサートを開いたそうですが……。

　この文は「私はあなたのために白いバラを飾った」の意味になるかというと、残念ながらそういう意味にはなりません。decorate はprovideタイプの動詞です。decorate A with B「AをBで飾る」という構造になります。たとえば次のように使います。

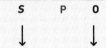

They decorated ***the trees*** with lights.　彼ら は木々を電球で飾った
　　　　　　　　　 **S**　　　 **P**　　 **O**

↓　　　　　↓

cf. ***the trees*** with lights　電球のついた木々

　with Bを省略しても、decorate Aは「Aに飾りをつける」の意味しかありません。というわけで、上の文は「あなたのために白いバラにいろいろ飾りをくっつけた」という変な意味になってしまいます。decorateがprovide型動詞だということを知らないで、「飾る」という和訳の知識だけで英文を書くと、こんな間違いが起きます。decorate≠「飾る」なのです。

次の文の意味を考えてください。（応用問題）


**1.** He is married with a child.

（　　　）にあてはまる前置詞は何ですか？（発展問題）

**2.** She is pregnant (　　　) a boy.

彼女は男の子を妊娠している

**3.** This problem is common (　　　) all communities.

この問題はすべての社会に共通だ

**4.** The doctor diagnosed him (　　　) lung cancer.

医師は彼を肺ガンと診断した

---

### 解説

**1**は当然ながら「彼は子どもと結婚している」なんていうアブナイ意味ではありません。でも間違った英語でもありません。

SPOで考えてみてください。このwithは所有を表しています。withの主語はHe。**He + with a child**＝He **has** a child.の意味に過ぎません。だから、この文の意味は「彼は結婚して子どもが1人いる」となります。この文は次のようなふたつの文が合体してできたと考えることができます。

He is married. + He **has** a child.

*He* is married **with a child**.
S　　　　　　　　P　　O

このように、「**haveがwithに化けた**」あるいは「**withはhaveの『前置詞形』**」とみなせることがよくあります（→133ページの付帯状況のwith）。「AがBと結婚している」はA be married to Bでしたね。「〜と結婚している」をbe married with〜としてはまずい理由がこれでおわかりでしょう。

**2**の正解は**with**。A be pregnant with B「AがBを妊娠している」という

表現です。

　**She** + **with a boy**「彼女が男の子を持っている」というSPO構造が含まれていることに注意してください。これはA be filled with B「AがBに満たされている」やA be blessed with B「AがBに恵まれている」と同じく「**AがBを所有する**」という意味構造を持っています。なおpregnantと同系の動詞impregnate A with B「AにBを妊娠させる」はprovide型です。

　**3**の正解は**to**。A be common to B「AがBに共通にある」は **A** + **to B**「AはBに所属する」のSPO関係を含んでいます。A be peculiar to B「AはB特有である」も同じ仲間です。

　**4**の正解は**with**。diagnose A with B「AがB（病気）だと診断する」ですが、和訳だけ見ていてもなぜwithが使われるのかわかりにくいでしょう。でも**him** + **with lung cancer**つまりhe **has** lung cancer「彼が肺ガンだ」というSPO関係をつかめば理解できるはずです。diagnose A with Bは「Awith Bだと判断する」というしくみで、**A** + **with B**「AがBを持っている」という所有のSPOが含まれています。　次のようにパラフレーズすると理解しやすいでしょう。

diagnose　***him*** **with** **lung cancer**

↓　　　↓　　　↓

= find out that　he　**has**　lung cancer

　事実、diagnose **A** as **having B** という形もあります。このようにdiagnoseも「人が病気を持っている→人が病気にかかっている」という関係を含んでいるのです。

## ▶▶「知っている」——familiarとはどういうこと？

　さて、今度はいままでのお話をふまえて、新しい問題を考えてみましょう。次の（　　　）にふさわしい前置詞は何ですか。

**1. The writer's name is familiar (　　　) everyone.**

その作家の名前はみんなに知られている

**2. Everyone is familiar (　　　) the writer's name.**

みんながその作家の名前を知っている

この本の読者のみなさんなら軽くクリアされたかもしれません。**1**には to が、**2**には with があてはまりますね。「もの＋be familiar to ＋人」で「ものが人に知られている」、「人＋be familiar with ＋もの」で「人がものを知っている」という意味になります。

でも、いったいなぜそうなるのか、考えた（あるいは教わった）ことはありますか。この本をここまで読み進んできた人ならば、「熟語としてそう決まっているから」と言われても満足できないことでしょう。「**1**の to は『〜にとって』という意味だ」などという和訳によるこじつけもありえますが、それでは「じゃあ同じく『〜にとって』という意味を持つ for ではなぜいけないの？」という問いに答えられないでしょう。

実は、この謎を解くカギとなる考え方は、すでにこの本の中に示されています。あとはただ、それをちょっと**抽象化**してやるだけでいいのです。

これまで with と to が、「与える」という行為と、その結果としての「所有する、所属する」を表すことを見てきました。familiar は「知っている、知られている」という状態を表す形容詞ですね。何かを「知っている」とはそもそもどういうことでしょう。

思い出してください。**「教える」とは「人に情報を与える」**こと

でしたね（→p.39）。「知っている」とは「人が情報を持っていること——**情報の所有・所属**」だと考えられないでしょうか。この視点から**1**と**2**を考えてみましょう。

**1**ではThe writer's nameがtoの主語、everyoneが目的語です。次のようなSPO関係が含まれています。

**1´.** *the writer's name* + **to everyone**
　その作家の名前が（知識として）みんなに所属している

次の上と下の文の関係をよく見てください。

**3.** He <u>told</u> *the writer's* **name** 　　　　　**to you**.
　　　　　↓　　　　　　　　　　　　↓
（結果）***The writer's name*** <u>is familiar</u> **to you**.

だれかが作家の名前を教えてくれたら、結果としてその名前はあなたに知られることになりますね。

一方、**2**では逆にEveryoneがwithの主語、the writer's nameが目的語と考えると、次のようなSPO関係が含まれていることがわかります。

**2´.** *everyone* + **with the writer's name**
　みんながその作家の名前（という知識）を所有している

これはprovideの話で見たのと同じ構造ですね。

ちょっとむずかしい語ですが、enlighten「〜を啓蒙する」という動詞があります。enlighten A **with** Bで「AにBを教える」の意味

になります。これはprovideタイプの動詞です。He enlightened you **with** the writer's name.は「彼はあなたにその作家の名前を教えた」という意味です。これと**2**のタイプの文を並べてみましょう。

**4.** He <u>enlightened</u> *you*       **with the writer's name.**
             ↓             ↓
（結果）***You*** <u>are familiar</u> **with the writer's name.**

　だれかが作家の名前を教えてくれたら、結果としてあなたはその名前を知ることになりますね。

　しかし、ほかの単語をひっぱってきて説明する必要はないかもしれません。実はfamiliarの動詞形であるfamiliarizeは、まさしくprovide型の動詞なのです。そして、provide A with B↔provide B to Aの両方のパターンを持っているのです。

　次の関係に注目してください。

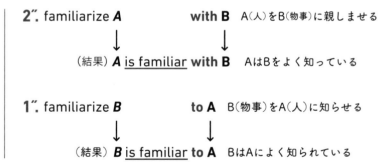

**2″.** familiarize ***A***      **with B**    A（人）をB（物事）に親しませる
       ↓        ↓
（結果）***A*** <u>is familiar</u> **with B**    AはBをよく知っている

**1″.** familiarize ***B***      **to A**    B（物事）をA（人）に知らせる
       ↓        ↓
（結果）***B*** <u>is familiar</u> **to A**    BはAによく知られている

　頻度的には**2″**タイプが圧倒的に多いですが、**1″**もたまに使われます。例を見てみましょう。

**5.** It's a good way to <u>familiarize</u> ***children*** **with the letters of the alphabet**.

それは子どもにアルファベットを覚えさせるよい方法だ

**6.** His appearance on TV <u>familiarized</u> ***his name*** **to the viewers**.

テレビに出たので彼の名は視聴者に知られるようになった

　どうですか。familiarにどうしてwithとtoの使い分けがあるのかおわかりいただけましたか。要するに「人が知識を所有している」か「知識が人に所属している」かの違いだったわけです。familiarは、知っているのか知られているのかという方向性に関しては、いわば中立で定まっていないのです。そこに方向性を与えるのがwithとtoなのです。

## ▶▶ familiarの仲間たち

　familiarと関係が深いほかの表現も見ておきましょう。次の文を考えてください。

**a.** His name is known **to** many Americans.

　みなさんは中学校で「受動態は『be＋過去分詞＋by 〜』だ」と教わったとき、「ただし、by以外の前置詞を使うのもあるぞ！　たとえばbe known toだ」というように、単に例外として説明されたのではないでしょうか。でも「どうしてtoなんか使うんだろう」とは思いませんでしたか。

　そう、カンのするどいあなたはもうお気づきでしょう。このA be known **to** B の構造もA be familiar **to** Bとまったく同じ、**A to B**の

関係を含んでいます。すなわち「A（の知識）がBに属している」のです。並べて見てみましょう。

**b. *His name* is known to many Japanese.**

  彼の名は多くの日本人に知られている

**c. *His name* is familiar to many Japanese.**

  彼の名は多くの日本人に知られている

まったく同じしくみなのがわかりますね。

また、普通の辞書には載っていないようですが、次のような表現を見かけることがあります。

**d. *He* is famous to millions of radio listeners.**

これもbe familiar toと同じ構造ですね（be famous among〈人〉のほうが普通ですが）。

次の表現のしくみも考えてみてください（すでに65ページの＜Give it a try！＞で出しました）。

**e. She kept *the truth* to herself.**
        **S    P   O**

  彼女は真実を秘密にしておいた

keep A to oneselfは「Aを自分だけの秘密にしておく」という意味ですが、どうしてこんな意味になるのでしょう。それはAの知識をto oneself、つまり**自分だけに属した**（＝自分だけが知った）**状態に保つ**、という意味だからです。自分の手元から事実を離さないわけ

ですから、やはり「隠しておく」の意味になるわけですね。

　一方、ちょっとむずかしめですが、A be acquainted **with** B「A がBを知っている」、A be conversant **with** B「AがBに詳しい」という表現もあります。言うまでもなく、これもA be familiar with B の仲間、つまりはbe blessed withやbe equipped withと同じ「所有」を表すしくみなのです。**所有しているものが「知識」だというだけの違いなのです。**

> **f.** ***Many students*** <u>are conversant</u> **with AI**.
>
> 　AIに詳しい学生が多い

ここで「知る」の表現をまとめておきましょう。

| A + with B<br>「A が B の知識を所有」タイプ | B + to A<br>「B の知識が A に所属」タイプ |
|---|---|
| **A** be familiar with **B** | **B** be familiar to **A** |
| **A** be acquainted with **B** | **B** be known to **A** |
| **A** be conversant with **B** | **B** be famous to **A**（非標準的） |

# 英語的発想をつかめ

人間・場所優先原則

## ▶▶〈rob 人 of 物〉の順なのはなぜ?——「転置」という現象

「与えるのwith」とたいへんあざやかな対照をなすのが「奪うの
of」です。

**a.** He <u>provided</u> *me* with some money.

彼は私にお金をくれた

**b.** He <u>robbed</u> *me* of my money.

彼は私からお金を奪った

robを代表とするこの仲間は、「奪う、取り除く」などの意味を
共通に持っています。

これはofが本来持っていた「〜から離れて」の意味が生きている
用法だと言われます(しかし、同じ分離の意味を持つfromを用いたHe
stole money from me. などと比べると、私たち日本人にはわかりにくい表現
です)。

robの意味が「〜を奪う」でofがfromと同じく分離の意味なら、
どうしてHe robbed my money of me.とならないのでしょう(それ
なら56ページの「ask型の動詞」に近いとみなせます)。これは私の高校時
代からの疑問でした。

『英語基本動詞辞典』(小西友七編/研究社)には次のような説明があ
ります。

rob $O_1$ of $O_2$は、意味的には「$O_1$から$O_2$を奪う」だが、構造上は「$O_2$から$O_1$を奪う」になっている。これは一種の転置 (transposition) が働いて、$O_1$が文法構造上の目的語になったもの。ちなみにrob $O_2$ from $O_1$の型を載せている辞書もある。

　Oxford English Dictionaryにも、これと同じような説明があります。つまりイギリス人もこの構造は変だと感じているのです！　ただこれらの説明には、その「転置」がなぜ働くのかは述べられてはいません。

　ひとつ考えられるのは、行為を表す動詞では、一般に**その行為の影響を強く受けるものが目的語になる**傾向があるということです。だから同じ盗難事件を語っていても、He stole money from me.では、moneyが目的語なので、お金が影響を受けたこと、つまりmeからheに移動させられたことにスポットライトが当たっていると考えられます。

　これに対しHe robbed me of my money.では、meが襲われ盗難の被害にあったことに重点が置かれているので、目的語がmeになっていると考えられます。

rob　of

　とにかくrob A of Bはこれだけ見ると不思議な形です。しかし、ほかの英語の表現との関連の中でとらえてみると、そんなに奇妙なものではないかもしれないと私には思えてくるのです。

　たとえば、ofではなくout ofを用い、robとよく似た意味を表すcheat「〜をだます」という動詞があります。

> **c.** They <u>cheated</u> *him* **out of his money**.
> 　彼らは彼をだましてお金を奪った

　この文で、cheat「だます」という行為が彼に対して行われた結果、「彼はお金がない」という「非所有」の状態が生まれることに注目してください。つまりSVOC思考でとらえてみるのです。下の**d**や**e**の文と比べてみてください。

> **c.** They <u>cheated</u> *him* **out of his money**.
> 　　　　　　　　↓　　　　　↓
> （結果）*He* is **out of money**.　彼にはお金がない
>
> **d.** I <u>helped</u> *him* **out of trouble**.　私は彼をトラブルから救った
> 　　　　　　↓　　　　↓
> （結果）*He* is **out of trouble**.　彼はトラブルがない

**e.** She <u>made</u> him happy.　彼女は彼を幸せにした

↓　　↓

（結果）He is happy.　彼は幸せだ

　実は、cheatにはrobと同じようなcheat A of Bという形が使われることもよくあるのです（Collins Cobuildには、こちらのほうが先に載っています）。ということは、次のように考えられないでしょうか。

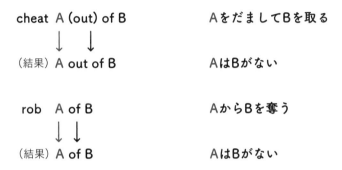

cheat　A (out) of B　　　　　　AをだましてBを取る

↓　　↓

（結果）A out of B　　　　　　AはBがない

rob　A of B　　　　　　　　　AからBを奪う

↓↓

（結果）A of B　　　　　　　　AはBがない

　out の有無という違いはありますが、rob A of Bもcheatと同じく、「Aをof B（Bから離れた＝Bがない）という状態にする」という構造——SVOC型——だと言えるのではないでしょうか（もちろん実際にはA is of Bは独立した文にはなれませんが）。

## ▶▶ out of はこう考えよう——人間優先の原則

　もうひとつ、見ておきたいのがswindle「だまし取る」という単語です。この動詞はなんと次の両方の使い方が可能なのです（bのほうがずっと普通ですが）。

**a.** They <u>swindled</u> *$5,000* out of him.

**b.** They <u>swindled</u> *him* out of $5,000.

　意味はどちらも「彼らは彼から5000ドルをだまし取った」で、ほぼ同じです。つまり〈お金＋out of 人〉でも、〈人＋out of お金〉でも、結果として人とお金が切り離されて、人のお金がなくなるという、結果的な意味にはあまり違いがないというわけですね。

　では、日本人にとっては理屈でわかりやすい「お金＋out of 人＝お金が人から出て行く」と言わずに、どうしてわざわざ〈人＋out of お金〉の順にするのでしょうか。

　ここで考えられるのは、人と物の関係を文に組み立てるとき、**英語には「人間優先の原則」とでも言うべき傾向があるのでないか**、ということです。

　たとえば日本語では「（私には）**熱がある**」と熱を主語にして言うのに、英語ではI have a fever.「**私は熱を持っている**」と人（所有者）を主語にして表現するのもこの傾向の表れだと言えるでしょう。

　どうも英語という言語には、ときには論理的に自然な語順を壊してまで「**人間を前に出そう＝主題・主語の位置に置こう**」という傾向があるように思われます。人間にとって、人間自身がほかの物より関心が向けられやすく、主語・主題となりやすいのは自然なことです（要するに「自己中」的世界観？）。これはたぶん、どの言語にもある程度言えることでしょうが、英語はその傾向が日本語よりもかなり強いような気がします。

　そもそもA is out of B「A（人）にB（物）がない」という表現も、あらためて考えてみると、私たち日本人の感覚には合わないのではないでしょうか。

　He is out of the room.「彼は部屋の外にいる」はわかりやすいで

すね。でもHe is out of money.（直訳「彼がお金の外にいる」）の場合、むしろ「お金が彼の外にある」つまりMoney is out of him.のほうが「論理的」に感じられませんか。私たち日本人のイメージでは、お金は人のふところから出て行くものなのですから。もしrob A of Bが「転置」であるならば、**He** is **out of money**.のSPOも同じく転置していることにならないでしょうか。

　物の状態だけを述べるときは、英語でも当然、物が主語・主題になります。たとえば「彼のお金がなくなった」ならhis money（＝物）を主語にしてHis money is out.となります。

　でもこの文にお金をなくした当事者である「彼」が入ってくると、Money is out of him.とはならず、**He** is **out of money**.「彼はお金がない」と、人が主語になるわけです。この文ではお金の状態ではなく彼の状態に重点があるのです。

**c.** he + His money is out.　彼＋彼のお金がなくなっている

　→ **He** is **out of money**.　彼はお金がなくなっている

　さっき、「奪うのof」は「与えるのwith」と対照的だと言いました。考えてみると、rob A of Bが奇妙と言うなら、provide A with Bも同じくらい変ではありませんか。provideが「〜を与える」という意味なら、目的語になるのはB（与えられる物）だけのはずです。「A（人）を与える」では変ではありませんか。provideとrobを並べて見てみましょう。

**d.** They <u>provided</u> **_him_** <u>with</u> **$5,000**.
　　　　　　S　　　P　　　O

> **e.** They <u>robbed</u> ***him*** <u>of</u> **$5,000**.
>     S   P   O

　意味は反対ですが、しくみは似ていますね。動詞のあとに置かれたSPOが、どちらも〈**人＋前置詞＋物**〉という順になっています。つまり、人のほうが前置詞の主語＝主題として優先されているのです。

　すでに、provide A with BはSVOC的構文だというお話をしましたね。91ページで述べたrob A of BもSVOC的な構造とみなすことができるかもしれません。それを支持してくれる単語もあります。

　stripです。この動詞はrobの仲間で、strip〈人〉of〈衣服〉「人から衣服をはぎ取る」という構文をとりますが、おもしろいことにstrip人＋naked「人を裸にする」という明らかなSVOCパターンが存在するのです。つまり、次のような関係です。

> **f.** <u>strip</u> the man　naked.　その男を裸にする
>            ↓            ↓
>     The man is naked.　その男は裸だ
>
> **g.** <u>strip</u> ***the man***　**of his clothes**.　その男の服をはぎ取る
>            ↓            ↓
>     ***The man*** is **out of his clothes**.　その男は服を脱いでいる（＝裸だ）

　nakedは明らかに服をはぎ取ったあとの**結果を表す補語**です。そうするとof his clothesも同様に補語的だと考えてもよいのではないでしょうか。

　とするとrobにも同様の構文が存在してもいいような気がします。of clothes「服を奪われた」がnakedに相当するなら、robの場合は

of money「金を奪われた」にあたる形容詞は何でしょうか。実は robにもまれに次のようなSVOC型の表現があります。

**h.** <u>They</u> <u>robbed</u> <u>me</u> <u>naked</u>.
    S      V      O     C

文字どおりの意味は「彼らは私を襲って裸にした」ですが、メタファとしては「彼らは私を襲ってすべてを奪った」つまりThey robbed me **of everything**.という意味でしょう。

また私は、cheatのようにout ofとofが両方ほぼ同じ意味で用いられる動詞があるのだから、robにもrob A out of Bという構文があってもいいのではないかと考えました。

しかし、いろんな辞書を引いても見つかりません。そこでアメリカ人コンサルタントに聞いたところ、文脈によってはあり得るのではないか、という肯定的な返事を得ました。それに励まされていくつかのデータベースやインターネットなどでさがしてみたら、やはりrob A out of Bがわずかながら見つかったのです。

たとえば──

Well, you robbed me **out of** my silver, Lord, and **out of** my gold
神様、あなたは私の銀も金も奪ってしまった

これは伝説の女性ロックシンガーJanis Joplinも歌った*Careless Love*の一節です。もちろん、これは辞書に載るような「標準英語」ではないかもしれませんが、「標準英語」から見て誤りだとしても、「意味のある誤り」ではないでしょうか。こういう表現をする人が

いるということは、やはりrob A of BはV + A out of B「AがBのない
状態にする」に近い、SVOC的構造と考えてもいいのではないでし
ょうか。

　out ofのお話の最後に、ひとつ慣用表現を付け加えておきたいと
思います。

　次の2つの文は、「彼は私をひどくぎょっとさせた」という意味
です。

**i.** He <u>frightened</u> *me* **out of my wits.**

**j.** He <u>frightened</u> *the wits* **out of me.**

　上のほうがずっと頻度が高いですが、どちらもほぼ同じ意味です。
wits は「正気・判断力」という意味で、「彼が私を驚かせて正気を
失わせた」が文字通りの意味です。*the wits* + **out of me**「正気が
＋私から出ていく」のほうが論理的かもしれませんが、「ぎょっと
させる」という行為の影響を直接受けるmeが文全体の目的語にな
るほうが英語的には自然なのでしょう。これも次のような構造でし
ょう。

**k.** <u>frighten</u> *me*　**out of my wits**　驚かせて私に正気を失わせる
　　　　　↓　　　　　↓
　　　*I* am **out of my wits**　　私は正気を失っている

**Give it a try**

　次の「奇怪な」文はどんな意味かわかりますか。次から選んでく
ださい。

**1.** He ate his parents out of house and home.

　　**1** 彼は家の外で両親を食べた

　　**2** 彼は両親と外食した

　　**3** 彼は両親が家を失うほど食べた

　　**4** 彼は両親を外へ食事に連れて行った

次のふたつのうち、どちらがより自然な英語でしょう？

**2.** **1** They tried to separate him from his money.
　　**2** They tried to separate his money from him.

---

### 解説

　**1**は、一瞬、猟奇犯罪かと思いませんでしたか。eat A out of house and homeは「Aが家屋敷を手放さねばならないほど大食らいだ」という意味の慣用表現です。つまり **3** が正解。ate his parentsの部分がすごいですね。ここだけ考えると大変なことになりますが、親を食うという意味ではないと思います。このeatはおそらく意味的には「ものを食べる」のような意味の自動詞と考えるべきでしょう。つまり次のような意味構造ではないかと思われます。

　　He ate (a lot). → ***His parents*** were **out of their house**.
　　　**原因**　　　　　　**結果**（程度）「親が家を失った／出た」

　日本語なら「彼は親の家を食いつぶす」と家を目的語にするほうが自然かもしれません。とすると、これも英語の「人間優先」構造のひとつなのでしょうか。

　**2**については、日本人は **2** のほうを自然に感じるかもしれませんが、よく使われるのは **1** です。

　"separate him from his money"はGoogle Booksに152件ありましたが

separate his money from himは4件しかありませんでした。
　次の例はF. S. FitzgeraldのThe Great Gatsbyからです。

an infinite number of women tried to separate **him** from **his money**.

　直訳だと「彼を彼の金から引き離す」ですが、村上春樹さんはこの文を「無数の女たちが**彼から金をむしりとるべく**雲霞の如く押し寄せてきた」と訳しています。
　separate his money from himも可能な表現です。彼のお金を物理的に彼から離すときならこの形を使えるでしょう。でもこれでは女性たちが**彼に働きかけて自分たちのためにお金を使わせる**という意味はうまく出ないでしょう。これも行為の影響を受ける人間を目的語として優先した表現と言えます。日本人の感覚でさかさまに見えるのはrob A of B型の表現だけではないのです。

## ▶▶ 死体が床をはい回る？？

　論理的に思える語順とあべこべの文＝「転置」のもっと「気味悪い」例が、英語にはいろいろあるのです。次の文はどういう意味でしょうか。

**a. _The body_ is crawling with maggots.**

「その死体はウジ虫と一緒にはっている」でしょうか。ゾンビ映画の世界だったら、確かにそういう意味もあるかも。でも、この文の通常の意味は「その死体にはウジ虫がいっぱいはっている」なのです！

# The body is crawling
## **with** maggots??

　crawl「はい回る」の主語はウジ虫のはずなのに、どうして死体が主語なのでしょうか。

　次の文なら私たち日本人にとっても何の不自然さもありませんね。

**b.** *Maggots* are crawling **over the body.**

　でもこの文ではウジ虫が主語＝主題になっていて、死体（＝ウジ虫がはう場所）はウジ虫の「背景」に過ぎなくなってしまいます。その死体がどんな状態なのかを述べたい場合には、これではまずいでしょう。

　そこでThe bodyが主語＝主題の位置に格上げされ、逆にウジ虫が背景に引っ込んだのがThe body is crawling with maggots.という文なのです。いわばこれは**「場所優先構文」**なのです。この文ではcrawling「はっている」の「見かけの主語」はThe bodyになっていますが、「意味上の主語」はもちろんあくまでmaggotsなのです。でないとゾンビの話になってしまいます。

　そしてこの「あべこべ文」を作るために、例のprovide A with Bに含まれるのと同じ、「所有のwith」が活躍しているのです。次のSPO構造を意識してください。

**a.** *The body* is crawling <u>with</u> <u>maggots</u>. → *The body* +
     S                   P       O            **with maggots**

**b.** *Maggots* are crawling <u>over</u> <u>the body</u>.→ *Maggots* +
     S                   P       O            **over the body**

　aの文には*the body* + with maggots「ウジ虫のついた死体」と同じSPO構造が含まれていますね。

　もう少し、「あべこべ文」を見てみましょう。

**c.** I laid *the floor* **with a red carpet.**
　　床に赤いカーペットをしいた

「しいた」の目的語はカーペットのはずなのに、なぜ床がlaidの目的語なのでしょうか。I laid *a red carpet* over the floor.なら私たちにもわかりやすいのですが。

　この文でも、**場所**（the floor）が**優先**されているのです。論理的な自然さを壊してまで、場所が前置詞の主語として前に置かれています。カーペットをどうしたのかではなく、床をどういう状態にしたのかを述べるためです。この文にも **A with B**「AがBを所有する＝AにBがある」というSPO関係があることに注意してください。この文はprovide A with B型そのものなのです。

**c.** I laid <u>*the floor*</u> <u>with</u> <u>a red carpet</u>. → *the floor* +
         S    P      O             **with a red carpet**

**d.** I laid <u>*a red carpet*</u> <u>over</u> <u>the floor</u>. → *a red carpet* +
          S      P     O            **over the floor**

考えてみると、「人が金を持っている」という所有の意味も「人（＝場所）に金がある」ととらえることができます（実際、日本語ではそう表現します）。だから「人間優先原則」は、**場所（所有者・容器）優先原則**」の一種だと言ったほうがいいかもしれません。場所優先構文の例をもうひとつ見ましょう。

**e.** <u>Dirty dishes</u> were piled high in the sink.
　　よごれた皿が流しに高く積み上げられていた

**f.** <u>The dishes</u> were piled high **with** <u>tropical fruit</u>.
　　皿にはトロピカルフルーツがいっぱい盛られていた

　この２つの文は、見かけは似ていますが、意味構造は違います。**e** は普通の状態受身の文で、よごれた（たくさんの）皿が were piled「積み上げられていた」の主語です。ところが **f** では were piled の「本当の（＝意味上の）主語」はもちろん tropical fruit ですね。皿が積み重ねられていたわけではありませんね。この文は次のように Tropical fruit was piled high.「トロピカルフルーツがいっぱい盛られていた」という文に the dishes（場所）がプラスされて生まれた**場所優先表現**だと考えられます。

the dishes + <u>Tropical fruit</u> was piled high.

→**The dishes** were piled high **with** <u>tropical fruit</u>.

　実は「人間・場所優先原則」で考えると解ける英語の謎は、ほかにもたくさんあります。見ていきましょう。

## ▶▶「私たちが」ガソリンから走り出した？

「ガソリンがなくなった」は英語でThe gas ran out.です。このrunは「流れる」の意味が発展したものでしょう。そしてこの副詞outは「出る→なくなる」と意味が発展した、完了・消滅を表すoutです。つまり「ガソリンが流れ出た（プロセス）→なくなった（結果）」というふうに意味が発展したと思われます。この文は**SVC構造**ですから、ranをbe動詞に置き換えるとThe gas was out.「ガソリンがなかった」となります。

では次のような文はどうでしょうか。

**a.** <u>We</u> **ran out of** <u>gas</u>.
私たちのガソリンがなくなった

**b.** <u>The car</u> **ran out of** <u>gas</u>.
車のガソリンがなくなった

そう、The gas ran out.に人間weが加わると、「**人間優先の原則**」により、weが主語となり、もとの主語gasは後ろに回されたわけですね（→p.92）。つまり次のようなことがおきたわけです。

we + <u>The gas</u> ran out.　私たち＋ガソリンがなくなった

→**We** ran **out of** <u>gas</u>.　私たちはガソリンがなくなった

**a**の文には**We** + **out of gas**「私たち＋ガソリンがない」というSPO関係ができていることにも注意してください。つまりこの文もSVC型ですね。ranの代わりにbeを使うとWe were out of gas.「私

たちにはガソリンがなかった」という文もできます。

　**b**のThe car **ran out of** gas.も同じで、場所（容器）であるthe car が主語として優先され、本来の主語であるgasが後回しにされているのです。

　しかし、ここで注目してほしいのは、こんなふうに変形されても、run outしたのはgasであることに変わりないということです。つまりgasがrun out の**意味上の主語**なのです。weやthe carが走ったり、なくなったりしたわけではないですね。これらは「見かけの主語」、「文法上の主語」なのです。これらの文は、見かけは同じでも、次の文とはまったく意味構造が違うのです。

> **c.** We **ran out of** the burning house.
>
> 　　私たちは燃える家から逃げ出した

　この文では疑う余地なく、文の主語Weがranの意味上の主語でもあります。走ったのは「私たち」ですから。

　さて、人を主語にしたWe **ran out of** gas. と、場所を主語にしたThe car **ran out of** gas.は似た構造をしていますが、さらにもうひとつの可能性があります。weとthe carとgasが全部いっしょになるとどうなるでしょう。次のような文がたまにあります。

> **d.** we + ***The car* ran out of gas**.
>
> 　→We **ran *the car* out of gas**.
>
> 　　私たちは車のガソリンを空にした

　we（人）とthe car（物＝場所・容器）があると、やはり人（行為者）のほうが主語（主題）として優先されるわけです。つまり主語を選

ぶときの優先順位は「**人＞場所＞物**」なのです。なお、この文は文の目的語the carとout of gasが主語・述語の関係ですから、SVOC型の文ですね。注）ただしアメリカ人コンサルタントによると「awkwardな文」だそうです。

ついでに次の文も比べて考えてください。「なくなる」の反対、「満ちる」の表現です。

**e.** Water **filled** the tank.　水がタンクを満たした

**f.** *The tank* **filled with** **water**.　タンクは水でいっぱいになった

**g.** We **filled** *the tank* **with** **water**.　私たちはタンクを水で満たした
　　　人　　　　　場所　　　　物

これらの文の関係も**d**に似たところがあります。物（＝水）より場所、場所より人が優先されています。**the tank** + with **water**「タンクに水がある」というSPO関係に注意してください。the tankがwaterを「所有」する関係ですね。**g**の文もSVOC型です。

## ▶▶ We are sold out.は「私たちは売り切れた」？

Coffee is **sold out**.の意味はわかりますね。「コーヒーは売り切れました」です（outは先ほどのrun outの場合と同じ「完了・消滅」のout）。

ところが外国でお店に行って何かを買おうとすると、次のように言われることがあります。

"Sorry, **we are sold out**."

もちろん言わんとすることは状況からわかりますが、なんだか変な気がしませんか。

この文は形を見るとどう考えても受身です。文法的に考えるタイプの人だと「『私たちは全部売れました』って、人身売買じゃあるまいし……」と変な想像をしてしまうかもしれません。この文の謎を解いてみましょう。Coffee is sold out.「コーヒーは売り切れました」は物が主語の文ですね。We are sold out.はこの文から次のようにできたと考えるべきでしょう。

We + <u>Coffee</u> **is sold out**.

→***We*** **are sold out of** <u>**coffee**</u>.
→We **are sold out**.（of coffeeは文脈からわかるので省略）

　このように、Coffee is sold out.という文にWeが導入され、主語として優先された結果、We are sold out (of coffee).という形が生まれたとしか説明できないでしょう。

## ▶▶ 冷や汗の中でブレイクアウト？

　今度は次の文を見てください。これも一見変な文ですね。

**a.** He broke out **in** a cold sweat.
　　彼は冷や汗が出た

　break outには「〈汗・発疹が〉急に出る」の意味があります。上の文では彼つまり人間が主語ですが、「彼が急に出た」のではありません。
　次の2つの文を比べてください。

**b.** *__A cold sweat__* broke out **on __him__**.　冷や汗が彼（の体）の上に出た

**a.** *__He__* broke out **in __a cold sweat__**.

　**b**は日本人にはわかりやすい形ですが、むしろ少ないです。**a**は**b**を人間主語にした形なのです。ちょっと上の文のSPO関係をチェックしてください。気づきましたか。**b**には17ページで学んだ「着用物＋ on 人」、**a**には「人＋ in 着用物」のSPOがありますね！　つまり**a**は「彼の体は急に冷や汗に包まれた」なのです。

　いままで見てきたような「おかしな」文はまだまだあります。それは「魔法の前置詞withの働き」（→p.160）であらためて考えることにしたいと思います。

# 06 「いっぱい」のwithと「空っぽ」のof

## ▶▶ withとofの対立関係

　すでにprovideの話で取り上げたequip A with B「AにBを備え付ける」→A be equipped with B「AはBを備えている」のような関係をもう一度考えてみましょう。

　fill *A* with **B**　　*A*をBで満たす
　　→*A* be filled with **B**　　*A*がBで満たされている

　cover *A* with **B**　　*A*をBでおおう
　　→*A* be covered with **B**　　*A*がBでおおわれている

crowd **A** with **B**　　**A**を**B**で混雑させる

　→**A** be crowded with **B**　　**A**が**B**で混雑している

「満たす、おおう、つめこむ」という「いっぱい与える」系の行為の結果が、「満ちている、おおわれている、つまっている」という「～でいっぱい」という状態を表しています。

　withを使った表現で、「いっぱい」の意味を持つのは、このような動詞の受身だけではありません。次のような表現も**A** + with **B**「**A**が**B**を（いっぱい）持っている、**A**に**B**が（いっぱい）ある」という構造を含んでいます。

**A** fill with **B**　　**A**が**B**で満ちている

**A** teem with **B**　　**A**（場所）が**B**（生き物など）でいっぱいだ

**A** flood with **B**　　**A**が**B**であふれている

**A** be alive with **B**　　**A**に**B**（生き物）がうようよしている

　I'm busy with workも「私は仕事でいっぱいだ」という構造だとみなせます。A be occupied with B「AがBで占められている」にも「AはBでいそがしい」の意味があります。

　このwithときれいに対立するのが「**空っぽのof**」です。これは「**分離のof**」の仲間です。次のような動詞が形容詞と対応する例がわかりやすいでしょう。

empty **A** of **B**　　**A**から**B**を出す

　→**A** be empty of **B**　　**A**に**B**が入っていない

clear **A** of B　　**A**からBを取り除く
　→**A** be clear of B　　**A**にBがない

free **A** of〔from〕B　　**A**をBから解放する
　→**A** be free of〔from〕B　　**A**にBがない

　これらの表現には、すでに取り上げたrob A of Bと同じ、**A + of B**「AがBから分離している＝AにはBがない」というSPO関係が含まれています。AからBを奪えば、結果としてAは空っぽになるわけです。

　次の表現も**A + of B**「AにはBがない」のパターンを含んでいます。A be out of Bの仲間と言えるでしょう。

**A** be short of B　　**A**にBが足りない
**A** be devoid of B　　**A**にBが欠けている

## ▶▶ get rid ofが「～を捨てる」の意味になるしくみ

　get rid of「〈不要物〉を捨てる、なくす」という重要な熟語がありますね。みなさんはすでに丸暗記していると思いますが、ちょっとここで、この表現を考えてみましょう。

　まず出発点は**rid A of B**「AからBを取り除く」という表現です。これはrob A of B型の動詞です。これをまず受身の文に変形するとA be rid of B「AがBを取り除かれている」となります（ridは過去分詞ですが形は変わりません）。この受身文のbeを、状態ではなく動作を表すgetに置き換えると、はい、A get rid of B「AがBを取り除かれた状態になる＝AがBを捨てる」の完成です。

rid *her* of the problem　　　　彼女の困難を**取り除く**

*She* is rid of the problem.　　彼女は困難が**なくなっている**

*She* got rid of the problem.　彼女は困難を**なくした**
　　　　　　　　　　　　　　　（＝**解決した**）

　どの表現にも***She* + of the problem**というSPOが含まれていることに注意してください。

　さて、「いっぱいのwith」「空っぽのof」にも（残念ながら！）ひとつ例外があるのです。みなさんご存じのA be full of Bです。注）

　しかしfullもwithと使われることがたまにあります。たとえばbe full up withという表現です。

**a.** ***Hospitals* are full up with people sick with covid.**

　　**病院は新型コロナウイルスに感染した人々でいっぱいだ**

　逆にwithを使った表現で「〜がない」という意味になるものは、どうやら見当たりません。

注）fullがofと結びつくのは古い英語でfullのあとに使われていた名詞の属格（＝所有格）がof＋名詞に置き換えられたからですが、a glass full of water「水でいっぱいのコップ」のofはa glass of water「コップ一杯の水／水が入ったコップ」のofに近いでしょう。

## ▶▶ 感情表現と結びつくwith

　これまで考えてきたwithの用法に基づいて、もうちょっと抽象的な表現を考えてみましょう。withは、ある種の感情を表す語とよく結びつきます。たとえば次のように。

| be satisfied with ~ | ～に（完全に）満足する |
|---|---|
| be content with ~ | ～に（ほどほどに）満足する |
| be pleased with ~ | ～に満足する |
| be fed up with ~ | ～にうんざりする |

なぜこれらの表現にはwithが用いられるのでしょうか。「これは『感情の原因』を表すwithだ」ということにして片づけることもできるでしょう。しかしそうしないのがこの本のポリシーです。なぜwithなのか、この先を読む前に、ちょっと推理してみてください。上の表現に共通する意味は何ですか。

そう、心が何かで「いっぱい」になっているということですね。

ちょっとむずかしい単語ですがsaturateという動詞があります。この動詞はsaturate A with Bという形で「AをBで飽和させる」という意味を表します。気づかれた人もいるでしょうが、これはprovide型動詞なのです。A be saturated with Bと受身にすると、「AがBで飽和する」という意味になりますが、この表現は**「Aの心がいっぱいになる、AがBを満喫する」という意味を表すメタファとして使われる**ことがあります。

**a. *He* is saturated with a sense of comfort.**
　　彼は安らぎに満たされていた

実はsatisfyという動詞は、このsaturateと語源が同じなのです。satisfyのsatis-もsaturateのsatur-もラテン語で「満ちた」＝filledという意味です。satisfy A with B「AをBで満足させる」の受身がA be satisfied with Bなのです。

これで謎が解けましたね！　つまり**A be satisfied with B**のもとの意味は**A be filled with B**だったのです。「A（の心）がBで満たさ

れている」という構造を持っているからwithが使われるわけですね。

　次の文を読むとそれが実感できると思います。

　　Other desires perish in their fulfillment, but the desire of
　　knowledge never; the eye is not **satisfied with** seeing nor
　　the ear **filled with** hearing.　　　　　　　　　　——A. E. Housman

　　ほかの欲望は達成されると消えるが、知識欲は決して消えることがない。
　　目は物を見ることに満足することはないし、耳も聞くことで満たされて
　　しまうこともない

　このようにbe satisfied with とbe filled withが並列されて使われ
ているところを見ても、この２つはnative speakerの感覚では同類
なのでしょう。

　ほかの表現はどうでしょう。

　A be content with Bのcontentは、contain「〜を中に含む」と語
源的に関係していて、本来やはり「中身がいっぱい」という意味を
持っているのです（名詞のcontentは「中身、内容」という意味）。

　この意味（メタファ）の発展をまとめると次のようになるでしょう。

[　「満たされる」のwith　]

**A with B**　　　　**A**（の心）が**B**で満たされている
　　↓
**A**が**B**で**満足**

　さて、満足があまり度を超すと、ついには「うんざり」に変わっ
てしまいますね。

　**A be fed up with B**は **feed A up with B**「AにBを腹いっぱい食べ

させる」が受け身の形になったものです（このupは「完了」を表し、「最後まで、いっぱいまで」という意味を持ちます）。したがって、A be fed up with Bの文字通りの意味は**「AがBを腹いっぱい食わされている」**です。これがメタファとして「AがBにうんざりしている」という意味になることはわかりやすいでしょう。なお、A be bored with Bも似た意味です。

# Chapter 3

「させる」と
「させない」のからくり

toとfrom

# 01

## 「する」のtoと「しない」のfrom

▶▶ 「する」＝「行為に到達する」

まず次の文を見てください。

**a.** He **went to** her house.

彼は彼女の家に行った

**b.** He **went to** sleep.

彼は眠りについた

**c.** He **got to** her house.

彼は彼女の家にたどり着いた

**d.** He finally **got to** sleep.

彼はやっと眠りについた

**a**と**c**は文字通りの「到達」を表すtoですね。後ろに場所（目的地）が来ています。**b**と**d**ではどちらもtoの後ろに具体的な場所ではなく、行為（状態）が来ています。これも直訳すれば「彼は眠りに達した」なのです（このsleepは名詞です）。

**英語の発想では、行為を場所（目的地）に見立てます。**人がある行為をすることを「人が行為に達する」と表現するのです。「眠る」という行為をしたことを「人が眠りに達した」とメタファで言い表すのです。日本語でも「眠りにつく（就く）」と言いますが、もとを正せば「着く」と同じ言葉です。英語と同じ発想と言えるでしょう。

go **to** her house　　　go **to** sleep

同じことが、不定詞を使った次の文にも言えます。

> **e.** He **got to** see her.
>
> 　彼は彼女に（うまく／やっと）会えた

　これも彼女に会えたことを「彼女に会うという行為にたどり着いた」という形で表しているのです。to不定詞のtoは、いまでは普通の前置詞のtoとは別のものという扱いを受けていますが、もとを正せば同じ前置詞のtoだったのです。だからこの文にも〈*he* + to **行為**〉というSPO関係が含まれていると考えていいでしょう。

　文の主語と行為の間には意味上の主語述語の関係がありますから、これらの文は**SVC的**だということも覚えておいてください。

## ▶▶ 行為を行うまでのプロセス

　人がある行為を行うまでにはどんなプロセスがあるでしょうか。①まずその行為をしたいという**欲求**や**必要**が生まれ、②そうする**決定**や**約束**をしますね。それから③**計画**や**準備**をし、④**努力**したり、機会を**待っ**たりします。そして、ついには⑤それが**できる**状態になり、**実行する**わけですね。

　英語でこのプロセスを表す表現を並べてみます。次の表現をざっ

とながめてみてください。

**1　欲求・必要・意志**

want **to** V「Vしたい」、hope **to** V「Vしたい」、wish **to** V「Vしたい」、need **to** V「Vする必要がある」、be eager **to** V「Vすることを熱望している」、be going **to** V「Vするつもりだ」

**2　決定・約束**

decide **to** V「Vしようと決める」、promise **to** V「Vすることを約束する」、be determined **to** V「Vする決心をしている」

**3　計画・準備**

plan **to** V「Vする計画をたてる」、prepare **to** V「Vする準備をする」、get ready **to** V「Vする準備をする」

**4　努力・待機**

try **to** V「Vしようと試みる」、wait **to** V「Vするのを待つ」

**5　実行**

get **to** V「Vするようになる、Vすることに成功する」、manage **to** V「なんとかVする」

　もうおわかりでしょう。どの表現にも**to** Vがついていますね。なぜでしょう。
　英語では、ある行為をやろうとし、実際に行うまでのプロセスを、人（主語）がある場所に向かって**進み、到達する**ことに見立てて表すのです。だから上で見たような**行為を志向する動詞**には方向と到

達の前置詞toが使われるのでしょう（ただ、不定詞のtoは普通の前置詞のtoに比べると、ちょっと到達の意味が弱く、どちらかというとむしろforに似て、方向は表すが到達までは表さないという場合も多いようですが）。ついでに次のような表現も考えてください。

a. He was **coming close to** solving the problem.
　　彼はもう少しで問題が解けそうだった

b. He **came near** being run over by a car.
　　彼はあやうく車にひかれるところだった

　行為への到達が行為の実行を表すのだから、「行為への接近」は当然「もう少しで〜する、あやうく〜しかける」という意味になるわけですね。

## ▶▶ 「しない」＝「行為から離れる」

　次に「ある行為をする」の反対、「ある行為をしない／避ける」がどう表されるか見てみましょう。「ある行為をする」が「ある行為に近づき、達する」と表されるなら、「ある行為をしない、避ける」はその逆方向の意味を持つメタファになるはずですね。
　実際そのとおりなのです！

a. Please **refrain from** smoking.
　　タバコはご遠慮ください

b. He **kept from** drinking.
　　彼は飲むのを控えていた

fromはtoと反対で、**「分離・距離」**を表す前置詞ですね。英語では「人が行為を避ける」を**「人が行為から離れる」**というメタファで表現するのです。A keep from V-ingは「A（人）がVという行為から離れた状態を保つ」が文字通りの意味。これが「Vしないでがまんする」の意味になるのはわかりやすいでしょう。**b**には *He* ＋ **from drinking**「彼が飲酒から離れている」というSPO関係がありますね。またHeとfrom drinkingの間には主述関係がありますから、これも**SVC的な構造**だと言えます。

keep　**from**　drinking

　ここまでの話をまとめておきましょう。

[ 「する」toと「しない」from ]

| | |
|---|---|
| **A** Ｖ ＋ **to V** | **A**が**V**しようとする、**V**する |
| **A** Ｖ ＋ **from V-ing** | **A**が**V**を避ける、**V**しない |

# 02
## 「させる」のtoと「させない」のfrom

「する」「しない」に続いて、「させる」と「させない」を表す表現について考えましょう。次の例を見てください。

**a.** I **got** him **to** her house.

　彼を彼女の家に行かせた

**b.** I **got** him **to** see her.

　彼を彼女に会わせた

　getには「〜を到達させる」という意味もあるのです。**a**は「彼を彼女の家に到達させた」が文字通りの意味。**b**も同じように考えられるでしょう。すなわち「彼を彼女に会うという**行為に到達させた**」→「彼を彼女に会わせた」となるわけです。**a**と**b**にも〈*him* + **to 場所・行為**〉という SPO関係が含まれていますね。このように英語では「人にある行為をさせる」という意味を「**人をある行為に向かわせる、ある行為に到達させる**」というtoのメタファで表すのです。

　この考え方を裏づける使役の表現がほかにもたくさんあります。いくつか見てみましょう。

「〜させる」のto

**c.** I **put** him **to** sleep.

　私は彼を寝かしつけた

**d.** I **pushed** him **to** marry her.

私は彼を彼女と無理に結婚させた

**e.** He **moved** people **to** social action.

彼は人々に社会的な行動を起こさせた

**f.** His pride **led** him **to** make wrong decisions.

彼はごう慢さのせいで判断を誤った

**g.** He couldn't **bring** himself **to** say goodbye.

彼はどうしてもさよならと言えなかった

push　him　**to**　marry her

　cはA go to sleepの使役だと言えます（このsleepは名詞）。dの文字通りの意味は「彼を押して結婚に到達させた」です。eは「彼は人々を動かして社会的な行動まで行かせた」です。fのlead A to Vは「AをVの**行為まで導く**」だから「AにVさせる」の意味になります。gのbring oneself to Vは「自分をVの**行為まで連れてくる**」の意味から「（努力して）Vする」の意味になります（否定で使うのが普通）。

　すべて「**人をある行為に向かわせる、到達させる**」→「**ある行為をさせる**」というパターンです（これらの表現は意味的に考えると、

make O + V（原形の動詞）などと同じく、すべて**SVOC的な構造**ですね）。

　一方、「〜**させない**」を表すのにはfromが使われます。

「〜させない」のfrom

**h.** I **kept** him **from** drinking.

私は彼に酒を飲ませないようにした

**i.** The snow **prevented** us **from** leaving.

雪のせいで私たちは出発できなかった

**j.** The law **prohibits** children **from** driving.

法律は子供の運転を禁じている

**k.** She **saved** the boy **from** drowning.

彼女は溺れそうな少年を救った

　**h**はA keep from V-ing「Vしないでがまんする」の使役形だと言えます。文字通りの意味は「彼を飲酒から離れた状態に保った」ですね。**i**のprevent A from V-ing「AがVするのをさまたげる、防ぐ」、**j**のprohibit A from V-ing「AがVするのを禁止する」、**k**のsave A from V-ing「AをVすることから救う」も**h**と同じ構造です。

　どれも**A + from V-ing**「**AがVから離れている**」という関係を含んでいます。

　「人に酒を飲ませない」を表す表現には、keep 人 away from the alcohol「人をアルコールから遠ざけておく」とかkeep 人 away from the bottle「人を（酒の）ビンから遠ざけておく」なんていうのもあります。

「させる」のtoと「させない」のfromがあざやかに対立する例を
いくつか見ましょう。

> 「させる」toと「させない」fromの対比

**l.** We should **encourage** children **to** eat healthy foods.
　子どもたちに健康的な食品を食べるよう勧めるべきだ

**l'.** We should **discourage** children **from** teasing.
　子どもたちにいじめをやめさせるべきだ

**m.** Her loving care **enabled** him **to** work.
　彼女のやさしい思いやりで彼は働けるようになった

**m'.** The injury **disabled** him **from** working.
　そのけがで彼は働けなくなった

**n.** I **persuaded** him **to** do the work.
　彼を説得して仕事をやらせた

**n'.** I **dissuaded** him **from** doing the work.
　彼を説得して仕事をするのをやめさせた（古風な表現）

**l**のencourage 人 to V「人にVするよう勧める」は、「人を行為に**向かわせる**」という構造を持っていますね。だから〈**人＋to＋行為**〉というSPO関係を含んでいます。**m**のenable 人 to V「人がVするのを可能にする」、**n**のpersuade人 to V「人を説得してVさせる」も同じです。

　これに対し**l'**のdiscourage 人 from V-ing「人にVする気をなくさせる」は「人を**行為から引き離す**」という構造です。〈**人＋from＋行為**〉という関係が含まれています。**m'**のdisable 人 from V-ing「人がVすることを不可能にする」、**n'**のdissuade 人 from V-ing「人を説得してVするのをやめさせる」も同じしくみですね（ちなみに、この３つに共通なdis-という接頭語自体が「離れて」の意味を持っています）。

　まとめておきましょう。

[ 「させる」toと「させない」from ]

**V ＋ A** <u>**to V**</u>　　　　　**A**に**V**させる（許す、勧めるなど）
　　**O** **C**
**V ＋ A** <u>**from V-ing**</u>　　　**A**に**V**させない（禁じる、防ぐなど）
　　**O** 　　**C**

　例外はないのでしょうか。言葉の「ルール」や「パターン」には例外がつきものですね。The exception proves the rule.「例外があるのがルールの証明」とも言われます（笑）。

　残念ながら、V ＋ A to Vの形でありながら「AにVさせない」の意味になってしまう動詞がひとつあります。forbidです。forbid A to Vで「AがVするのを禁じる」の意味なのです。 ところがforbid A from V-ing という形も意外に多く使われているのです。私のデー

夕で調べました。

| | |
|---|---|
| forbid **A** to **V** | **729**（78%） |
| forbid **A** from **V-ing** | **204**（22%） |

　以前はforbid A from V-ingの形を載せていない辞書がありましたが、最近は載せるようになってきました。つまり無視できないほど使われているわけです。やはりこの形が意味にあっていると認識されているからではないでしょうか。いくつか実例を見てみましょう。

Government regulations only **forbid** companies **from** promising "in advance" that a customer will be compensated if market losses occur.
政府の規制は、株式市場の損失が起きたとき、顧客に補てんすることを企業が『前もって』約束することを禁じているだけである（*TIME*）

He says you're **forbidden from** ever leaving the bell tower...
彼はおまえが鐘楼から絶対に出てはいけないと言う
（*THE HUNCHBACK OF NOTRE DAME* 「ノートルダムの鐘」）

# 03

## 「させる」のintoと 「やめさせる」のout of

「させる」と「やめさせる」を表す表現には、もうひとつのペアが
あります。

**a.** I **talked** *him* **into** **going** to the hospital.
　　　　**S** 　**P** 　 **O**

　　彼を説得して病院に行かせた

**b.** He wanted to die and I **talked** *him* **out of** **it**.
　　　　　　　　　　　　　**S** 　 **P** 　 **O**

　　彼が死にたがったので、説得してそれをやめさせた


　これは「AをBの中に入れる」→「AにBさせる」、「AをBの外に引
っぱり出す」→「AにBをやめさせる」というメタファです。行為
を場所にたとえ、その場所に対する移動のメタファによって「させ
る・させない」という抽象的な意味を表している点では、これも
to⇔fromのペアと似ています。SVOC型の意味構造という点でも同
じです。一般化すると次のようになります。

[ 「させる」intoと「させない」out of ]

V ＋ **A** <u>into</u> **B** 　　　　**A**に**B**させる
　　**O** 　**C**
V ＋ **A** <u>out of</u> **B** 　　**A**に**B**をやめさせる
　　**O** 　**C**

最後に、ほかの例を見てみましょう。

**c.** Meg's father **fooled** Brad **into** marrying her.

メグの父はブラッドをだまして彼女と結婚させた

**d.** He **intimidated** her **out of** giving evidence against him.

彼は彼女をおどして不利な証拠を出すのをやめさせた

# Chapter 4

前置詞の
主語は名詞
だけじゃない？

# 01

## 同時のon

### 出来事と出来事の接触

　いままでの話では、前置詞の主語はいつも名詞でした。しかし、ここからはみなさんに発想を大きく飛躍させていただいて、「前置詞の主語は名詞でなくてもいい」という世界に入っていこうと思います。

　クァーク（R. Quirk）という英語学者は前置詞の働きを次のように説明しています。

　　一般に、前置詞は2つの存在（entities）の間の関係を表す。その存在のひとつは前置詞の目的語であり、もうひとつは文の別の部分である

　ここで注目したいのは、彼が「2つの名詞」とは言っていない点です。entity「存在・もの」という、とても意味の広い言葉を使っているのです。また「もうひとつ」の存在（＝本書でいう前置詞の主語）のことを「**文の別の部分**」と表現しています。つまり彼も「**前置詞の主語は名詞であるとは限らない**」と考えているのです。

　この考えは話を進めるうえで大変重要なので、みなさんも心にとどめておいてほしいと思います。前置詞の主語を動詞、そして文にまで広げることによって、さらに理解できる英語の世界が広がるのですから。

　それではさっそく、前置詞の主語が名詞ではない例を見てみましょう。この本の最初で、an apple on the tableを例にして考えたように、**A on B**は「**AがBに接している**」という意味でした。そして

この例では、AもBも名詞でした。では、次の文はどういうしくみですか。なぜ下のような意味になるのでしょう。

**a. On** arriving home, I called the police.

家に着くとすぐ私は警察に電話した

　このOnの前には主語が見当たりません。でも前置詞に意味上の主語がないということは絶対ありません。実はこの文は本来こういう形だったと考えられます。

**a′.** I called the police **on** arriving home.

　さて、onの主語が名詞に限られるなら、Iかthe policeかということになりますが、それではこの文の意味はよく理解できません。「私が私の帰宅に接している」も「警察が私の帰宅に接している」も意味をなしません。では「私の帰宅」と接しているのは何なのでしょうか。

　次のように考えてはどうでしょう。

I *called the police* on **arriving home**
　　　　S　　　　　　P　　　　O

　つまり「**警察への通報**」が「**帰宅**」と**接していた**、と考えるのです。ここでの「接触」は空間的ではなく、時間的な接触です。通報した時刻が帰宅した時刻に接していたのです。

　この文は次の図のような事態を表しているわけです。

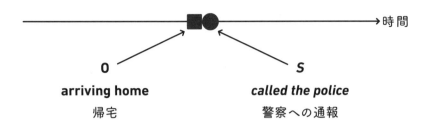

0
**arriving home**
帰宅

*S*
*called the police*
警察への通報

→時間

このように、名詞以外の語句が前置詞の主語だと考えられる場合
があります。ほかの例も見てみましょう。

# 02
## 結果のto

次のふたつの文の意味を考えてください。

**a.** He starved **to** death.

**b.** An old lady was walking down the middle of a street **to**
the great confusion of the traffic.

**a**のtoは「結果のto」と言われます。彼は飢え、その結果死んだ
のです。**a**は*He* + **to death**というSPO関係を含んでいます。Heの
状態がdeathに変化したわけですね。Heがto deathの主語と考えら
れます。

では**b**はどうでしょう？　この文のtoも結果を表しています。こ
の文の意味は「ひとりの老婦人が通りのまん中を歩いていたので、
車の流れがひどく混乱した」ですが、このtoのSPO関係はどう考え
るべきでしょう？　**a**と同じように考えると*An old lady* + **to the**

**great confusion of the traffic**となるでしょうが、それではそのお
ばあさん自身が混乱の原因であるかのようです。混乱という結果を
生んだのは「おばあさんが通りのまん中を歩いたこと」という出来
事全体と考えるほうが自然ではないでしょうか。つまり**S**は**to**の前
の文全体です。次のような構造です。

**An old lady was walking down the middle of a street**
　　　　　　　　　　　**S**（原因）

**to the great confusion of the traffic**
**P**　　　　　　　　　**O**（結果）

つまり**b**の意味構造は次の文とほぼ同じ意味でしょう。

**b´.** An old lady was walking down the middle of a street,
　　 **which led to** the great confusion of the traffic.

　この関係代名詞whichが指すものも、名詞ではなく、前の文全体
の内容ですね。

# 03
## to one's surpriseは
## なぜ「おどろいたことに」なのか？

みなさんは学校で次のような表現を習った記憶があるでしょうか。

**a.** **To** my surprise, he began to cry.

おそらく「私がおどろいたことに」と訳すように習ったと思いま

す。でもこれがどうしてそんな訳になるのでしょうか。実はこれも
「**結果のto**」なのです。もとは次のような形だったのです。

**He began to cry** to **my surprise**
　　*S*（原因）　　　　　P　　**O**（結果）

「彼が泣き出した」という出来事全体が主語で、「私がおどろいた」
がその結果です。もちろんこのままの語順で使うこともあります。
　しかし、to A's surprise は文全体を修飾する副詞句なので、
Fortunately, ...「幸運なことに、……」などと同じく、文頭に置か
れる場合がとても多いのです。
　その結果、形のうえで、もとの〈X（原因）to Y（結果）〉という自
然な順序はくずれてしまいますが、SPO関係は変わっていません。
もうひとつ似た例を見ておきましょう。

　**b.** *He returned safely* **to** **his parents' great joy**.
　　　　*S*　　　　　　　　P　　　　　　O

　　彼が無事戻って親はとても喜んだ

　→ **To** **his parents' great joy**, *he returned safely*.
　　　P　　　O　　　　　　　　　　　*S*

　この章の最初に説明したように、この文に含まれたSPO関係では、
Sは名詞ではありません。He returned safely「彼が無事に戻った」
という文（出来事）全体がtoの主語だということに注意してください。
つまりこうです。

**He returned safely** to **his parents' great joy**
　*S*（原因）　　　　　P　　**O**（結果）

# 04
# いわゆる「付帯状況のwith」の正体

次の文のwithは、「付帯状況のwith」と学校で教わるものです。

**a.** *I slept* with **my window closed**.

私は窓を閉めて眠った

とっつきにくい名前ですが、このような文のしくみを考えましょう。フェンスとか植木とかプールなどのような家の**付帯**設備とは、家というメインの物件についているいわば「おまけ」の設備ですね。家＝メインの設備があるから付帯設備があるわけです。たとえばa house with a swimming pool「プールつきの家」の構造は次のようになりますね。

> ***a house*** with **a swimming pool**
> **S**（メインの設備）**P** **O**（付帯設備）

I slept **with** my window closed.という文でも、おまけの状況があるからには「**メインの状況**」があるはずですね。

> ***I slept*** with **my window closed**
> **S**（メインの状況）**P** **O**（付帯状況）

この図でおわかりのように、「付帯状況のwith」の場合も、主語はhouseのような名詞ではなく、I slept という文だとみなせます。でも**何かを付け加える**というwithの働きには変わりはありません。

ただし、このwithの構文についてもうひとつ、ぜひ注目しておき

たいのが動詞haveとwithの関係です。

「その家にはプールがある」は英語でどう言いますか？　The house **has** a swimming pool.ですね。

73ページと80ページでwithがhaveと同じ「所有」の意味を表すというお話をしました。

次のふたつがほぼ同じ意味なのはわかりますね？

a house that **has** a swimming pool

a house **with** a swimming pool

では「彼は目を閉じていた」を英語で言えますか？

His eyes were closed.「彼の目は閉じていた」も正しい英語ですが、「彼」を主題にしたいならHe **had** his eyes closed.と言うことができます。SVOCの構造です。これは日本の学校ではあまり教えていないように思いますが、ごく普通の文です。

この文と付帯状況の文の関係を見てみましょう。「彼は考えていた」＋「彼は目を閉じていた」はどうなりますか。

**b.** He was thinking. + He **had** his eyes closed.

= He was thinking **with** his eyes closed.
彼は目を閉じて考えていた

上のように並べてみると、his eyes closed の部分はそのままでhadがwithに置き換わった形になっていますね。

もうひとつ見てみましょう。「彼女は立っていた」＋「彼女はポケットに両手をつっこんでいた」はどうでしょう？

**c.** She was standing. + She **had** her hands in her pockets.

= She was standing **with** her hands in her pockets.

彼女はポケットに手をつっこんで立っていた

　このように、**S + have + O Cの文のhaveをwithに置き換え、別の文にくっつけたのが「付帯状況のwith」の構文**だと考えることができるのです（この見方では、withの主語はこのSだと考えることも可能です）。

### Give it a try

　次の文は「くまのプーさん」の一場面。食いしんぼうのプーさんが、ウサギの巣穴でハチミツを食べ過ぎておなかがふくれ、つっかえて出られなくなったシーンです。SPO構造を130ページのように図に描き、意味を考えてください。

**1.** And **on** the count of three, they pulled as hard as they could.

---

**解説**

　the count of threeとは「1、2の、3！」の3のことです。答えは「1、2の、3の合図と**同時に**、みんなは（プーさんを）力のかぎり引っぱった」です。構造は次のようになります。

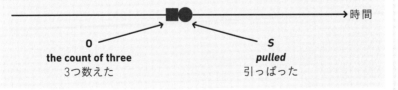

---

# Chapter 5

# 相当と比例

## forの世界

# 01 方向・目的のfor

　前置詞の中でも、forの意味の世界は特に多彩です。でも、むやみにいろんな意味があるわけではないはずです。一見バラバラに見えるforの意味をさぐってみましょう。

　いつものように、まず空間的意味からつかんでいきましょう（25ページのおさらいです）。

A **for** B

| | |
|---|---|
| *He* left **for school**. | 彼は学校へ向かった |
| *a train* for Tokyo | 東京方面行きの列車 |

　forの基本的イメージスキーマは、このように「**S**が**O**に向かって」です。to（→p. 25）に似てはいますが、forが示すのは、「**O**に向いて**」いるという**方向だけで到達の意味はない**ことに注意してください。He left for school.といっても、彼が目的地＝学校に着いたという保証はまったくありません。途中でサボってずる休みしたかもしれないのです（forとtoのこの違いは、「Chapter 2の01 forとto　どこがどう違う？」でくわしく説明しました）。

　「〜に向かって」の意味は抽象的な意味にも広がります（forの場合は、むしろ抽象的な「方向」の意味のほうが大切かもしれません）。

**a.** He **studied for** the exam.

彼は試験に備えて勉強した

**b.** She **waited for** her boyfriend.

彼女は恋人を待った

**c.** They **applied for** the job.

彼らはその職に応募した

　上の文では、forが示すのは主語の心——意識や願望——の方向
だと言えますね。これらのforは「〜に備えて、〜を求めて」の意
味に拡大します。そしてここでも、空間的意味のときと同じく、
forは**目的への到達の意味は含んでいない**ことに注目してください。
彼は試験を実際に受けたかどうかわからないし、彼女が恋人に会え
たかどうかも、彼らが就職できたかどうかも不明なのです。

# 02
## 目的から相当・交換へ

　forの基本的な意味はここまで見てきたように、「方向・目的」だ
と言えるでしょう。でもforはそこからさらに、さまざまな意味の
ネットワークを広げていくのです。次の文を見てください。

**a.** He **saved** enough money **for** the car.

　これも「願望の方向＝目的」を指す例と考えてもいいでしょう。
「彼は車を買う**ために**十分なお金をためた」と訳せますね。

でもそれだけではないのです。この文はもうひとつの大切な意味を含んでいるのです。

*money* … **for the car**の関係に注目してください。車がほしいなら、当然その車につけられた値段に**等しい**お金をためなければなりませんね。つまりmoneyはthe carの価値につりあっている──**相当している**──のです。「**〜に相当して**」はforを深く理解するためにとても重要な意味です。覚えておいてください。

さて、お金がたまりました。次に彼はどうするでしょう。

**b.** He **paid** the money **for** the car.
彼はその車の代金を払った

**c.** The car dealer **sold** him the car **for** $5,000.
車屋は5,000ドルで彼に車を売った

**d.** He **bought** the car **for** $5,000.
彼は5,000ドルで車を買った

**b**はまだ「車を得る**ために**金を払った」、つまり願望・目的のforを用いた表現と考えることもできます。でもここにも*the money* … **for the car**の等価・相当関係があります。**2つの物が等価値なら交換する**ことが可能になりますね。商品とその価値に相当するお金の交換が**c**の〈sell **物 for お金**〉、あるいは**d**の〈buy **物 for お金**〉なのです。

なんだか経済学入門みたいなお話になってしまいましたが、ついでにもう一言。見方を変えると、価格は車の価値を表しているとも言えますね。車の値段とは、その車の**価値を表す記号**だと考えられます。「**〜を表す**」もforの大切な意味なのです（この意味については

またあとで詳しく見ます）。

　ここまでのお話をまとめてみます。Aはお金、Bは商品と考えてみてください。

[ 目的・相当・交換・価値を表すfor ]

$$A \quad for \quad B$$
お金 　　　　　　商品

**AでBを求める→AはBの価値に相当する**
**→AはBと交換できる→AはBの価値を表す**

# 03 人の行為を評価するfor

　さて、せっかく買った車で彼が事故を起こしてしまったら、どうなるでしょう。

**a.** They **blamed** him **for** the accident.
　みんなは事故のことで彼を責めた

　この文は普通「みんなはその事故のことで彼を責めた」または「みんなはその事故を彼のせいにした」というふうに訳され、forの意味はというと、辞書では「理由」とされるのが普通です。

　しかし、本当にこのforを「理由」という大ざっぱな分類で片づけていいのでしょうか。「理由のfor」なんて教えられた人は、それを広く応用できるものとカン違いし、「私はカゼで学校を休んだ」と言うつもりで、[?] I couldn't go to school for a cold.などという

不自然な文を作ってしまうかもしれません。このようないわゆる「理由のfor」が使える場合というのは、実は非常に限られています。言い換えると、「理由」などという大ざっぱなカテゴリーではとらえられない独特の意味構造が隠れているのです。

　次に、いわゆる「理由のfor」を用いる代表的な動詞を並べてみますから、ちょっとながめてみてください。何か共通した意味が感じられませんか。

| | |
|---|---|
| blame A for B | AをBのことで**責める** |
| punish A for B | AをBのことで**罰する** |
| scold A for B | AをBのことで**しかる** |
| praise A for B | AをBのことで**ほめる** |
| thank A for B | AにBのことで**感謝する** |

　これらの表現は全部、「**行為Bに相当する評価・処分をAに与える**」とでも言うべき共通の意味を持っていますね。

　人間はその**行為**に相当する**評価**を受けます。悪いことをすれば責められ、それに**相当する罰**を受けます。よいことをすればほめられ、それに**相当する感謝・称賛**を受けます。評価や処分は行為がどれほどよいか悪いかに**比例**して決まりますね。

　このようにforは「**相当・比例**」の意味を生かして、いわば「**行為で人を評価・処分する動詞**」、あるいは「**賞罰の動詞**」と言うべき動詞たちと結びつくのです。

# 04 罪と罰のfor

## ▶▶ 目には目を──罰の重さは罪の重さに比例

punish A for Bを例にとって、「評価・処分の動詞」のSPO構造を
はっきりさせてみましょう。ここですでに前の章で見た「**前置詞の
主語は名詞だけに限定されない**」という考え方が役立ちます。この
表現では、「**forの主語はAではなく、punish Aという動詞句**」だと
見るのです。

> *punish A* for B
>     S      P  O

わかりにくい人は、次のようにpunishを名詞化して考えてもい
いでしょう。

> *punishment of A* for B
>    S（罰）       P  O（罪）

AがBという罪を犯したとします。当然ながら**Aに対する罰の重さ
は罪Bの重さに相当・比例**すべきですね。

アメリカなどの裁判所には、ギリシャ神話の正義の女神テーミス
（Themis）の彫刻があります。彼女が手に持っているものは何でし
ょうか。てんびんです。西洋では古来、**罪と罰を正しくつりあわせ
る**ことを象徴するてんびんが、正義と審判の象徴でした。弁護士さ
んのひまわりバッジにもてんびんが彫られています。タローカード
のjustice「正義」の札にもてんびんが描かれています。さらに古く、
エジプトの「死者の書」にも、オシリス神の前で死者がてんびんに

よって審判を受ける絵があります。

　古い話といえば、ハンムラビ法典第196条には次のような一節があります。

> If a man put out the eye of another man, his eye shall be put out.
>
> もしある者がほかの人の目をえぐりだしたら、その者の目がえぐり出されねばならない

　この一節の意味を「目をつぶされたら、相手の目をつぶしてよい」ととり、復讐を正当化するものと解釈する人がいますが、本来は逆で「人に危害を加えたら、罰として同じ危害を加えられるべし」という意味でしょう。「罪の重さに**相当する**罰を受けるべし」というとても合理的な思想なのです。そして、これが聖書に引用されて *an eye* for an eye（略してeye for eye）となったのです（「マタイによる福音書」5:38）。

　ハンムラビ法典の思想をビジュアル化してみましょう。

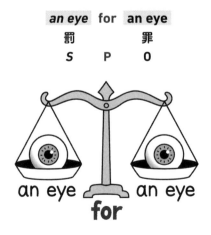

これはpunish **A** for **B**の構造とまったく同じですね。右の目玉が、Aがえぐりだした目＝Aの犯した罪です。左の目玉は、罰としてえぐられたAの目＝Aが受ける罰です。この２つがつりあって（＝相当して）いなければならない、ということなのです。

## ▶▶ 罰するもfor、許すもfor

　車で事故を起こした彼の話に戻ります。事故のあと、どんなことになるでしょうか。以下の文を見てください。

> **責任や謝罪、賠償のfor**
>
> **a.** He was **responsible for** the accident.
> 彼には事故の責任があった
>
> **b.** People **blamed** him **for** the accident.
> 人々は事故のことで彼を責めた
>
> **c.** He was **sorry for** the accident.
> 彼は事故のことをすまないと思った
>
> **d.** He **apologized for** the accident.
> 彼は人々に事故のことを謝った
>
> **e.** People **punished** him **for** the accident.
> 人々は事故のことで彼を罰した
>
> **f.** He **paid for** the accident.
> 彼は事故の賠償金を払った

ごらんのように、人がある行為をしたことに対して**責任があるの**も、それを**責める**のも、そのことを**反省する**のも、**謝罪する**のも、そのことで**罰する**のも、**賠償する**のも、すべてforによって表すことができるのです。形容詞や動詞が入り混じってさまざまな表現が並んでいますが、これらのforはすべて同じ用法だと言ってよいでしょう。人は事故を起こせば、**その重大さに相当する責任を負い、その重大さに相当する非難や罰を受けます。それ相当の謝罪と賠償**をしなければなりません。これらの表現はすべて次の構造を持っているのです。

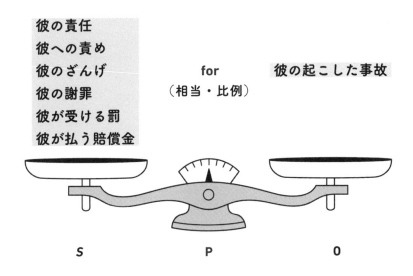

彼の責任
彼への責め
彼のざんげ
彼の謝罪
彼が受ける罰
彼が払う賠償金

for
（相当・比例）

彼の起こした事故

S　　　　　P　　　　　O

　たいていの辞書では、blame A for B「AをBのことで責める」やpunish A for B「AをBのことで罰する」に使われているforの意味を、ただ「理由」と呼んでいます。でもそれでは、上のようなさまざまの表現を統一的に理解することはむずかしいでしょう。
　ではforgive A for B「AをBのことについて許す」はどうでしょうか。

**g.** He **forgave** me **for** being late.

彼は私が遅刻したことを許してくれた

　being lateはどう考えても許す「理由」とは言えませんね。でも許すことも責めたり罰したりするのと同じく、「**ある人の行為に対応する処分**」のひとつだということに注意してください。そうすればblameのグループの中に入れても違和感はありません。

　つまり次のように考えるのです。

forgive **A** for **B**　　＝　　stop blaming **A** for **B**
**A**の**B**を許す　　　　　　**A**を**B**のことで**責めない**

　上のように考えれば、このforも同じものであることが簡単に理解できるでしょう。

　apologize (to A) for B「(Aに) Bのことを謝る」はどうでしょうか。これも次のように書き換えてみると納得できるはずです。

**h.** I **apologize for** hurting you.

君を傷つけたことを謝る

　＝I'm **sorry for** hurting you.

君を傷つけて悪かった

　＝I **blame** myself **for** hurting you.

君を傷つけたことで自分を責める

　＝Please **forgive** me **for** hurting you.

君を傷つけたことを許してくれ

「謝る」とは自分に非があると認め、許しを求めることですね。

## ▶▶ 罰金もfor

アメリカで、FINE **FOR** PARKINGという看板を見て車をとめたら、おまわりさんに大目玉をくらった日本人がいたという笑い話があります。

その人はたぶんこの看板の意味を「駐車に好適」と考えたのでしょうね。実はこれ、駐車に適しているどころか、「駐車したら**それ相当の罰金を取ります**」という意味の警告なのです。

fineには動詞もあります。

fine **A** for **B** 　　　B（行為）に対し**A**に罰金を科する
→fine for **B** 　　　B（行為）に対する**罰金**

行為に対する罰を「お金のメタファ」で表すことがあります。次の例は、たとえばけんかに負けたほうが逃げるときに言う捨てぜりふです。「復讐してやる」ということですね。

**a.** You'll **pay for** this!

　お前はこの行為の代償をはらうことになるぞ！

　＝お前はこの行為の報いを受けるぞ／ただじゃすまないぞ！

　＝（意訳）覚えてろよ！

## ▶▶ 復讐のfor

復讐もまたforで表されます。ハンムラビ法典の真意は復讐ではないようですが、復讐も罰の一種と言えるでしょう（あるいは罰が復讐の一種？）。

**a.** Defense minister vowed bloody **revenge for** car bombing.

国防大臣は車爆弾攻撃に血の復讐をすると誓った

　私の好きなSF映画『バック・トゥ・ザ・フューチャー』（*Back to the Future*）で、Michael J. Foxが演じるMartyが車のトランクに閉じこめられるシーンがあります。Martyをトランクに放り込んだあと、不良が言います。

That's **for** messing up my hair.

これは俺の髪をめちゃくちゃにしたお返しだ

　またこれもSFの名作『ブレードランナー』（*Blade Runner*）には、人造人間（replicant）のRoyが"This is **for** Zhora. This is **for** Pris."と、殺された仲間の名前を言いながら、人造人間ハンターのDeckardの指を一本ずつポキンポキンと折るという、ちょっと痛そうなシーンがあります。「これはZhoraの**かたき**、これはPrisの**かたき**」という意味ですね。「これはZhoraの**分**、これはPrisの**分**」と言ってもいいでしょう。仲間の死と指が**相当・比例**の関係なのです。

# 05
# たたえるも、ごほうびも、名声もfor

　「評価・処分のfor」が活躍するのは、何も悪い行為の場合だけではありません。今度はある学者がすばらしい薬を発明したとしましょう。彼はどんな待遇を受けるでしょうか。

**a.** People **praised** him **for** inventing the medicine.

人々はその薬を発明したことで彼をほめた

**b.** People **thanked** him **for** inventing the medicine.

人々はその薬を発明したことで彼に感謝した

**c.** He got **the Nobel Prize for** inventing the medicine.

彼はその薬を発明してノーベル賞を取った

**d.** He got the **credit for** inventing the medicine.

彼はその薬を発明したことで名誉を得た

**e.** Now he is **famous for** inventing the medicine.

いま彼はその薬を発明したことで有名だ

SPOの形に整理してみると次のようになります。

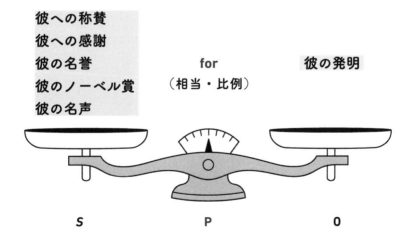

彼への称賛
彼への感謝
彼の名誉
彼のノーベル賞
彼の名声

for
（相当・比例）

彼の発明

S P O

すべては発明の価値に「**相当する＝ふさわしい**」ものですね。be famous forのforも同じことです。be famous forの類義語にbe celebrated forがあります（有名人のことをセレブceleb、celebrityと言いますね）。実はcelebrateには「〜をほめたたえる（=praise）」という意味があるのです。これを見るとA be famous for Bも仲間に入れていいことがわかりますね。

> celebrate *A* for B　　　　*A*をBのことでほめたたえる
> →*A* be celebrated for B　　*A*がBのことでほめたたえられる
> 　　　　　　　　　　　　　＝*A*がBで有名である

ところで、女性が自分を救ってくれたヒーローにキスをしてこんなことを言うシーンが映画などによく出てきます。

> That was **for** saving my life.
> これは命を救ってくれたお礼（ごほうび？）よ

Thatは彼女のキスを指します。キス（ごほうび）がsaving my lifeとfor「交換・対価」の関係ですね。thank [reward] you for saving my lifeが隠れていますね。

最後にまとめておきましょう。人の行為などに対応したその人の処分・評価を表す動詞の構文です。

[　行為に対応する処分・評価の構文　]

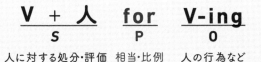

$$\underset{S}{\underline{\mathbf{V}}} + \underset{}{\mathbf{人}} \quad \underset{P}{\underline{\mathbf{for}}} \quad \underset{O}{\underline{\mathbf{V\text{-}ing}}}$$

人に対する処分・評価　相当・比例　人の行為など

# 06

## 比較の表現とforの関係

受験生なら次のような比較級を含んだ表現を覚えているでしょう。

| **a.** I like him all **the better for** his faults.
| 　欠点があるからなおさら彼が好きだ

このforも「理由」の用法と言ってしまうことはできるでしょう。でもこれも相当・比例のforなのです。

| *like him all the better*　for　**his faults**
| 　彼を好きな程度　　　　　　　彼の欠点
| 　　　　**S**　　　　　　**P**　　　　**O**

**a**には上のようなSPO関係が含まれています。このtheは特殊な用法で、「**その分だけ、それだけ**」という意味を持っています。「その」はfor his faultsを指しています。つまりこの文を直訳すると、「彼の欠点に**比例して**、その分よけいに彼が好きだ」となります。

では次の文はどうでしょう。

| **b.** I like him **none the less for** his faults.
| 　彼には欠点があるが、だからといって私は彼が嫌いではない

まず直訳で分析しましょう。noneは「ゼロ」、つまりまったくないという意味です。だから「彼の欠点に**比例して**その分だけ彼への好意が少なくなるということは、まったくない」が直訳です。

152

# 07

## 交換のforから「表す」forへ

さて少し前（→p.139、140）に次のような文を考えましたね。これらの文に含まれる意味関係を、もういちど考えてみましょう。

**a.** He **saved** his money **for** the car.

**b.** He **paid** 1,200 yen **for** the book.

お金は商品と**交換する**ことができます。1,200円とある本を交換できるということは、1,200円がその本に**相当・比例する**価値だということです。言い換えるとお金は商品の**価値を表している**わけです。お金は物の代わりを果たします。お金の発明は人間を面倒な物々交換から解放しました。

でもお金よりももっとすごい発明があります。人類最大の発明──それは言葉です。言葉は物の代わりを果たします。もし言葉がなかったら、相手に岩のことを伝えたいときは岩そのものを運んできて見せねばなりません。もちろん抽象的なことを伝えることは不可能になります。

次のSPO関係に注目してください。言葉などの記号が意味と**対応・交換**の関係にあることが、すなわち記号が意味を表すということなのです。

$$記号 \quad \textbf{for} \quad 意味$$
$$S \qquad P \qquad O$$

例を見てみましょう。

**c.** "Sakana" is Japanese **for** fish.
「さかな」はfishを表す日本語だ

**d.** translate the English word **for** word
英語を一語一語訳す

**e.** A dove **stands for** peace.
ハトは平和を象徴する

さらに、記号や略号も「表す」のforの応用です。

**f.** "A" is **for** Alibi.

**g.** Dial M **for** Murder

**h.** WHO is **short for** the World Health Organization.

**f**はSue Graftonのミステリーのタイトル『アリバイのA』。直訳すると「Aはアリバイを表す」です。以下 "B" Is for Burglar『泥棒のB』、"C" Is for Corpse『死体のC』とシリーズがあります。**g**は映画『ダイヤルMを廻せ！』の原題です。直訳すると「殺人（murder）を

表すMをダイヤルせよ」です。**h**は「WHOは世界保健機関を**短く表す**」、つまり「WHOは世界保健機関の**略称**だ」ということです。

「**表すのfor**」が活躍するのは言語の世界だけではありません。人のゲノムの塩基配列が完全に解読され、いま世界中の研究者が何の遺伝子がどこにあるかを分析中ですが、たとえば「黒い目の遺伝子」は英語で何と言うでしょうか。the gene **for** dark eyesなのです。genetic code「遺伝子**暗号**」という言葉からもわかるように、遺伝子も体の**しくみ**や**性質を表す記号**だと考えられますね。

# 08 forが「期間」を表すワケ

時は金なり

期間の長さを表す「〜の間」というforの用法は、とてもありふれた使い方なのに、ずっとほかの用法から切り離された扱いを受けてきたようです。ある英語学辞典には、「forの持つ多くの意味のうち、唯一異質な"期間"の意味」と書かれています。

これをほかの用法と結びつけようとした試みはいくつか読んだことがあります。しかし、私の意見を言わせてもらえば、どれもイマイチのように思われます。

私の考えでは、この期間の意味も、これまで見てきた「相当・比例」というforの基本的なスキーマで無理なく理解できると思います（ここでお話する考え方は、『システム英熟語』（駿台文庫）の「ミニレクチャー」や、「前置詞のダイナミズム」（国際言語文化学会、1993）で私が書いたものと、基本的には変わっていません）。

次に並べた例文を見てください。「期間のfor」が孤立した用法ではないことが自然に理解していただけると思います。

**a.** I bought some ribbon **for** three dollars.

**b.** I talked to her on a pay phone **for** three dollars.

**c.** I studied English **for** three hours.

**d.** I ran **for** three miles.

aは「3ドルでいくらかのリボンを買った」、言い換えると「リボンを **3ドル分**買った」という意味で、これは普通「交換・等価」などと言われる用法です。forの主語はribbon、目的語は three dollarsで、リボンの長さと金額は**相当・比例**関係にありますね。

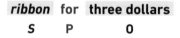

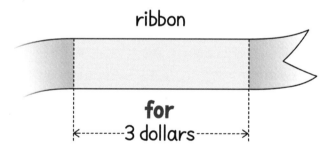

次の**b**は「公衆電話で彼女と **3ドル分**話した」という意味です。これも同じことで、**a**との違いは、この文ではforの主語がribbonのような名詞ではなく、"talked to her on a pay phone"という動詞句になっているということだけです。電話で話した量とお金は**相当・比例**していますね。

そして、次の**c**が問題の「**期間のfor**」ですが、これも**a**、**b**と同

じような構造ではないでしょうか。Time is money.「時は金なり」という考え方でいけば、お金の代わりに時間を費やしただけの違いではありませんか。「英語の勉強を3時間分やった」、つまりやった勉強の量は時間に**相当・比例**しているはずですね。ここではforの主語はstudied English、目的語はthree hoursなのです。

I *studied English*　for　three hours
　　S　　　　　　　P　　　O

study

for
3 hours

　私たちは毎日、ほしい品物を自分のお金と**交換**に手に入れて生きています。それと同じように、私たちはやりたい行為を、時間と**交換**に手に入れて生きているとは言えないでしょうか。考え過ぎかもしれませんが、私にはforの使い方からそんな価値観が見えるような気がします（時間はお金と違って、使えば減る一方で、「かせぐ」わけにはいきませんが）。

　**d**のI ran for three miles.のような距離（区間）を表すforも、期間のforと同類だと考えられます。彼は「**3マイル分**」走ったのです。「時間」と「空間」の違いに過ぎないと言えるでしょう。一般に時間は空間のメタファで表されます。空間の移動や距離などの表現は、たいていそのまま時間的な意味を表すのに使われます。期間のforもそのひとつに過ぎないと考えられるのです。

I *ran* for three miles
S   P      O

期間を表すforが孤立したものとして扱われてきたのは、前置詞の主語と目的語の対応がきちんと意識されなかったからだと思われます。

# Chapter 6

# 魔法の前置詞？

## withの働き

## 文構造をひっくり返す
## 不思議な前置詞with

　withはこれまでのお話の中でもあちこちに顔を出してきましたが、ここでこの前置詞の不思議で大切な働きについてまとめてみたいと思います。次の文（→p.104）をもう一度考えてください。

**a.** <u>Water</u> **filled** <u>the tank</u>.　水がタンクを満たした

**b.** ***The tank*** **filled with** <u>water</u>.　タンクは水でいっぱいになった

**c.** <u>We</u> **filled** ***the tank*** **with** <u>water</u>.　私たちはタンクを水で満たした
　　人　　　　　　場所　　　　　物

　104ページでは、このwithは「所有」を表すと説明しましたが、ちょっと違う角度からこれらの文を見てください。一番の基本となる文**a**の主語はwaterですね。ところが下の2つの文では容器や人（行為者）が主語になったために、もとの主語waterにはwithがついて後ろに回されています。でもwaterがtankをfillするという、最初の文の意味上の主語と動詞の関係は変わってはいませんね。

　では、次の文を見てください。

**d.** The stone broke the window.
　　石が窓を割った／石で窓が割れた

**e.** Tom broke the window **with** the stone.
　　トムが石で窓を割った

ここでも**d**の文の主語だったthe stone　が、**e**ではTomの登場で**with** the stoneとなって後ろに回っています。このwithの意味は普通「道具」とされますから、filled the tank **with** waterの場合とはちょっと違うかもしれませんが、いま述べた意味では同じ働きをしていると言えるでしょう。

　こんなふうに、**withは主語を後回しにしてしまうときに現れる**のです。逆に言うと、後ろに回っていてもwaterやstoneが意味上の主語であるということをwithが示しているのだと言えます。

　このように主語を後回しにするとき現れるのは、必ずしもwithとは限りません。たとえば前に（→p. 102）考えたThe gas ran out. → We ran out of gas.の場合は、主語gasが後ろに回されるとofが現れています。次のようなinの働きもおもしろいでしょう。

**f.** The number of accidents increased.
事故の数が増えた

**g.** Accidents increased **in** number.
（直訳）事故が数において増えた

　しかし、主語の後回しなどの文の変形にもっとも活躍するのはwithだと思います。withの力で文の構造が魔法のように変わってしまう例がたくさんあります。その活躍ぶりを見てみましょう。

# 02

## 主語を後回しにするwith

### ▶▶ I am done.の謎を解く

I am done.という文があります。「私は（仕事などを）すでにやっ
た」という意味です。辞書を引くとI am done.のdoneは「形容詞」
ということになっていますが、形から考えると、be + doの過去分
詞ですから、どう見ても受身です。だとすると「私がされている」
という意味にしかとれません。どうしてI am done.で「私は（仕事
などを）すでにやった」という意味になるのでしょうか。この謎は
**「人間優先の原則」**で解けるのです。次のように考えてみましょう。

The job is done.　　仕事が（すでに）されている＝終わった

I + The job is done.

→**I** am done **with the job**.　　私は仕事をすでにやった

→I am done.　　私はすでにやった（with the jobは省略）

つまり、The job is done.という文に人間Iが導入された結果、そ
れが優先的に主語となり、意味的な主語the jobは動詞のあとに回
されたのです。

I am finished.「私は（仕事などを）すでに終えている」という文
もあります。これも同じように考えられます。

The book is finished.　　その本は書き（読み）終えられている

I + The book is finished.

→**I** am finished **with the book**.　　私はその本を書き（読み）
　　　　　　　　　　　　　　　　　　終えた

→I am finished.　　私は終えた（with the book は省略）

　このように、finished の場合も done の場合と同じく、I am finished.のように仕事などを省略して使うことができます。これも「私は終えられた」という意味ではありません。次のような文と区別してください。

**a.** He is finished as a politician.
　彼は政治家としてはもう終わりだ

　実はbe finishedには「〜はもうダメだ、絶望だ」（日本語の「終わってる」に近い？）という意味もあるのです。見かけは似ていますが、「終えた」という意味のさっきの文とはまったく違います。finishには「〜をやっつける、とどめをさす」という意味があり（この意味ではfinish A offの形が多いですが）、この文は「彼は政治家としてはすでにとどめをさされている＝ダメだ」という意味になるのです。これはfinishの本当の受身と見ていいでしょう。
　次のように能動態でも使います。

**b.** I quit smoking. I finished it before it **finished** me.

タバコはやめている。タバコに殺される前にタバコをやめたのだ

**c.** The assignment nearly **finished** me off.

その宿題で死にかけた

　むかし大学で、アイルランド人の先生にむずかしい宿題を出されたときのことを思い出しました。宿題を提出する日、先生は私に"Did you **finish** it, or did it **finish** you?"とたずねました。私は一瞬意味がわかりませんでしたが、ハッと悟って、It really finished me.「本当にまいりました」と答えたのでした。

　このようにまったく別のfinishから生まれた2つのfinishedを、普通の辞書は「finished〈形〉」が持つ2つの意味として並べているだけなのです。これではわけがわかりません。

## ▶▶ come up withの謎を解く

　come up with A「Aを思いつく、提案する」という熟語があります。大学入試でもよく出題される重要表現ですが、この3語でいったいどうしてこんな意味になるのでしょう。数ある前置詞の本の中には、「come up withは『追いつく』の意味から『思いつく』の意味を持つようになった」などというよくわからない説明も見かけます。私も私なりの理屈をこねてみたいと思います。

　come up with Aを考える前に、A come upという表現を考えましょう。これは「A（考え・話題など）が出てくる、提案される」という意味で使われることがあります（このupは「出現」を表します。→p.246）。

さて次の２つの文を見てください。

**a.** A question came up.
　疑問が浮かんだ（出された）

**b.** He came up **with** a question.
　彼は疑問を思いついた（出した）

ここまで読んできた人は、ピンと来たかもしれません。そうです、**b**の文は次のようにして生まれたと考えられるのです。

He + <u>A question</u> came up.

→**He** came up with <u>**a question**</u>.

つまり、A question came up.に人間Heが導入されると、**人間優先の原則**で本来の主語a questionは後ろに回り、with a questionとなったのではないでしょうか。ここで**He** + with a questionのSPO関係を確認してください。彼が考えたquestionですから、当然**He** + with **a question** = He **had** a question.という関係があります。しかし、変形されたとはいえ、come upの本当の（＝意味上の）主語がquestionであると考えたほうが自然ですね。彼が出てきたのではありません。次の文と比較してください。

**c.** He came up **with** his dog.
　彼は犬を連れて上がって来た

この文ではcame up の主語は文法的にも意味的にもHeです。He

がやって来たのです。His dog came up.を変形して作ったと考える必要はありません。その証拠に、He came up **with** a question.では普通with a questionを省略することはできませんが、上の文ではwith his dogを省略しても「彼が上がって来た」という基本的な意味は変わりません。

　ついでですが、come up with Aには「（かばんなどから）Aを取り出す」という用法もあります（辞書ではあまり見かけませんが）。

> **d.** She dug at the bottom of the bag and **came up with** a pen.
>
> 　彼女はかばんの底を手でさぐって、ペンを取り出した

　この表現では、表現されている状況が抽象的ではないので、わかりやすいと思います。かばんの中からcome upしたのは、言うまでもなく彼女ではなくペンのほうですね。

　人 + A come up→人 come up with Aに似た変形はほかにもあります。

---

**A go on 「Aが続く」と 人 go on with A 「人がAを続ける」**

The party **went on**.　　パーティーは続いた

They + The party **went on**.

→**They** went on with the party.　　彼らはパーティーを続けた

---

**A come out 「Aが明るみに出る」と 人 come out with A 「人がAを明らかにする」**

The truth **came out**.　　真実が明るみに出た

He + <u>The truth</u> **came out**.

→***He* came out with <u>the truth</u>.**　　彼が真実を明らかにした

　この表現の場合は、彼が隠れた場所から明るみ・世間に出て行くというメタファ的な意味が含まれることがあるかもしれません。しかし、Heとtruthのどちらがcome outの意味的な主語として重要かは、言うまでもないでしょう。

## ▶▶ A is friends with B の謎を解く

　主語がA and Bという形をしているときに、その一方を動詞の後ろに回して新しい文を作る場合にもwithが活躍します。たとえば次の文を考えてみてください。

**a.** Patty is good friends **with** Marcy.
　　パティはマーシーと仲良しだ

　この文のPatty is good friendsだけを見ると奇妙ですね。主語が単数なのに補語が複数なのですから、文法的にはまったくもって不可解です。でも次のように、withによって主語Marcyが後ろに回されてできた文だと考えれば謎は解けます。

Patty and <u>Marcy</u> **are good friends**.　パティとマーシーは仲良しだ

→***Patty* is good friends with <u>Marcy</u>.**　パティはマーシーと仲良しだ

　Patty and Marcy became friends. → Patty became friends with Marcy.も同じことです（becameはmadeにしても可）。

次の表現も同じように理解できるでしょう。

Tom and <u>Jerry</u> **shook hands**.　トムとジェリーは握手した

→***Tom*** **shook hands with** <u>Jerry</u>.　トムはジェリーと握手した

　ただし、A and Bなら何でもwithで変形できるとは思わないでください！ たとえば Tom and Nicole got married.「トムとニコールは結婚した」を変形すると Tom got married **to** Nicole.「トムはニコールと結婚した」になりますね。また Tom and Nicole got divorced.「トムとニコールは離婚した」はTom got divorced **from** Nicole.になります。（→p. 71）

# 03 replaceとsubstitute

　replaceというちょっとややこしい動詞があります。この動詞の使い方も、withの働きに注目すればわかりやすくなるでしょう。

<u>Computers</u> **replaced** <u>typewriters</u>.　コンピュータがタイプライターに取って代わった

They **replaced** ***typewriters*** **with** <u>computers</u>.

彼らはタイプライターの代わりにコンピュータを使うようになった

上の2つの文の関係は次のように考えることができます。

**A replace B　AがBに取って代わる**

〈人〉＋ A replace B

→ 〈人〉replace B with A

**AをBの代わりにする、BをAで置き換える**

　主語Aが「人間優先の原則」のため、withによって後ろに回され
たわけです。でも「AがBの代わりになる」という関係は変わって
いないことに注意してください。ここで、ついでにreplaceとまぎ
らわしい動詞substituteのしくみを見ておきましょう。

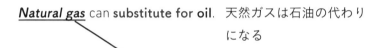

*Natural gas* can substitute for oil.　天然ガスは石油の代わり
になる

You can substitute *natural gas* for oil.　天然ガスを石油の代わ
りに使える

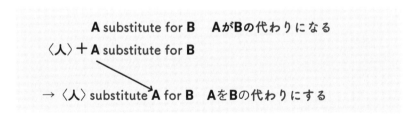

**A substitute for B　AがBの代わりになる**

〈人〉＋ A substitute for B

→ 〈人〉substitute A for B　**AをBの代わりにする**

　このように、A substitute for BはA replace Bと似た意味なので
すが、人間主語の文との関係はまったく違うので、AとBの順序に
注意してください。上のどちらの形にもA for B「AがBの代わりに
なって」というSPO関係が隠れています。

# 04

## 便利屋のwith

自動詞に目的語をつける？

"Hurry up!"を知らない人はいないでしょう。「急げ！」ですね。でもこれは自動詞で、目的語をつけることはできません。それでは具体的に何かを急がせたいときの表現はないのでしょうか。withを使えばそれができるのです。

**a.** Hurry up **with** the pizza!
ピザを急いで

Good luck!「幸運を！」もご存じですね。でも具体的に何について幸運を祈りたいかはっきりさせたいときは？　これもwithの力を借りればいいのです。

**b.** Good luck **with** your job hunting!
仕事さがしがうまくいくといいね！

これらのwithを使いこなせる人はそんなに多くないようですから、ぜひ覚えておいてください。使えると便利だし、ちょっとかっこいいですよ。

いままでお話ししたwithとは少し違うかもしれませんが、次のようなwithの使い方もあります。

helpは日本人が間違いやすい動詞です。「お父さんが僕の宿題を手伝ってくれた」はどう言えばいいでしょうか。My father helped my homework.でいいですか。いいえ、日本語の「手伝う、助ける」とは違い、helpは宿題や仕事のような「物」を目的語にするこ

とができないのです。正しくはこうです。

My father helped me **with** my homework.

このwithも、取れない目的語をいわば無理やりくっつける役目を
果たしています。

# 05 コートを脱がすときは？

SPOを逆転させるwithの働き

女性が部屋に入ったら、コートを脱ぐのを手伝うのが男性のエチ
ケットですね。そんなとき、どう言えばいいのでしょうか。Let
me help you take your coat off.とか Let me help you take off your
coat. でもOKですが、次のような表現がよく使われます。

**a.** Let me <u>help you off</u> **with** your coat.

逆に着るのを手伝うときは

**b.** Let me <u>help you on</u> **with** your coat.

これらのwithを見ていると、不思議なことに気づきます。
Chapter 1で見たように、着用を表す表現は〈**人 in 物**〉か〈**物 on
人**〉でした（→p. 17）。ところが上の文では〈**人 on with 物**〉とい
う形になっています。〈**物 on**〉の順が〈on with 物〉と逆になって
いるのです。つまり**with**は「**副詞**」（→p.229）の意味上の主語を、

副詞の後ろに回してしまう働きがあると言えます。

take <u>your coat</u> off

Let me help you off **with <u>your coat</u>**.

　そこで思い出されるのが「不思議の国のアリス」に出てくるハートの女王の口ぐせです。彼女はちょっと気にさわる者がいると、こう叫びます。

　**Off with** his head!　　首を切っておしまい！

　普通の英語ならCut his head **off**! と言うはずですね。似たものにこんな例もあります。これらは命令文のみで使います。

**c. Down with** the King!
王を倒せ！

**d. Away with** all cars!
車を全部追放せよ！

**e. On with** the show!
ショウを続けよう！

**f. To hell with** you!
おまえなんか地獄に落ちろ！

　**d**はDo away with all cars! の省略、**e**はGo on with the show! の省

略と考えてもいいでしょう（→p.166）。

まとめるとこうなります。

[ 意味上の主語を後ろに移すwith ]

**X ＋ with A**　　　**A を X にする**

Give it a try

次の文は英語の歌詞ですが、どんな意味になるでしょう。これらの文が生まれたしくみも考えてください。

**1.** Go ahead with your own life and leave me alone.

**2.** Come on with the rain.

**解説**

**1** は Billy Joel の *My Life* の歌詞です。「自分の人生を生きてゆけ、そしておれのことはほうっておいてくれ」みたいな意味です。

<u>Your own life</u> goes ahead.　　君自身の人生は進む

you + <u>Your own life</u> goes ahead.

→ ***You*** go ahead with <u>**your own life**</u>.　（人間主語の文に変形）

→ Go ahead with <u>**your own life**</u>.　（主語をとって命令文に）

**2** は Gene Kelly の歌った *Singin' in the Rain* に出てくる歌詞で、あまり普通の英語とは言えませんが、いままで見てきた with の働きを考えれば

何とか理解できるでしょう。

　Come on + with the rain.は命令文ですから、直訳すれば「雨を持って＋来い」という意味になってしまいますが、この文は次のようにして生まれたと考えられます。

<u>Rain</u> comes on.

Come on **with <u>the rain</u>**.

　つまりcome on の意味上の主語はthe rainで、この文は「雨よどんどん降れ」(= Rain, come on.) という意味でしょう。

　ではGene Kellyはいったいだれにこれを命令しているのでしょうか。ひょっとしたら神様でしょうか。

Chapter **7**

# inの世界と
# メタファの
# ネットワーク

# 01 言葉は容器、意味は中身

　手段や道具を表す前置詞の選び方は、私たち日本人にはかなりややこしいですね。「英語で彼と話す」はspeak with him **in** English、「英語の手紙」も a letter **in** English です。中学生のとき、with Englishとかby Englishとか間違えた人はいませんか。

　でもどうして「英語で」にinを使うのでしょう。あなたの英語の先生は「言語にはinがつくんだ」と言っただけですか。それを暗記するだけで満足ですか。inを使うのにはちゃんとわけがあるのです。

　inはcase、boxなど入れ物につく言葉ですね。実は英語には、「**言葉は容器、意味はその中身**」というメタファのシステムがあるのです。次の文を見てください。

**a.** There is *some water* in **the bottle**.
　　　　　　 S　　　　 P　　 O

ビンの中に水がある

**b.** There is *hidden meaning* in **his words**.
　　　　　　 S　　　　　 P　　 O

彼の言葉には隠れた意味がある

　これを意識すればいろいろな表現のイメージがはっきり浮かび上がります。たとえばin short「簡潔に言えば」は、いわば意味をコンパクトな容器＝言葉に入れることですね。同じく「一言で言うと」はin a word。これは「意味を一語の中に入れると」です。in other words「言い換えると」も、意味・情報を「**別の容器＝ほかの言葉に入れ換えると**」というメタファですね。in a wordと似た意味でin a nutshell「要するに」というおもしろいメタファもあり

176

ます。これは文字通りには「(小さな) 木の実の殻に入れると」です。

　木の実と言えば思い出すのが、暗号codeです。暗号を解読することを英語でcrack the code「暗号を割る」と言います。言葉が容器だとすると、暗号はいわばとても硬い木の実のようなものと言えませんか。クルミのように硬い殻を割らなければ中身 (意味・情報) を取り出せないというわけです。

　**言葉は容器、意味は中身**というとらえ方でいくと、「**英語で話す**」も「**伝えたい意味・情報を英語という容器の中に入れて話す**」というメタファのひとつと考えられます。というわけで、speak in Englishなのです。おわかりいただけましたか。

# 02
# 中身がない容器

「メタファとか、言葉が容器だとか、そんな理屈を言わなくても、『英語で』はin Englishと覚えておけばいいのでは？」と思う人もいるでしょう。では次の文を見てください。どれが自然な英語ですか？ 和訳するとどれも「英語で」でいけそうな感じがしますが……。

**1. I traveled in English.**

**2. I wrote an essay in English.**

**3. I communicated with them in English.**

**4. I did some shopping in English.**

**5.** I made myself understood in English.

**6.** I work in English.

---

　なんとなく感覚的に答えがわかる人はいるかもしれませんが、SPO理論に基づいてin Englishの主語（＝意味・情報）を考えると、in Englishが自然な場合と不自然な場合がはっきり区別できます。「**意味・情報＋in 言葉**」というSPO関係の視点からこれらの文を考えてみてください。

　自然な表現は**2**と**3**と**5**です。なぜならこれらの文では「**意味・情報＋in 言語**」というSPO関係が成立しているからです。言い換えると、言語という容器に入るべき**中身**が表現の中に存在しているのです。

**2.** I wrote ***an essay*** in **English**.
　　　　　S　　　　P　　O

**3.** I ***communicated*** with them in **English**.
　　　S　　　　　　　　　P　　O

**5.** I made ***myself*** understood in **English**.
　　　　　S　　　　　　　P　　O

　**2**では*essay*の意味・情報が英語という容器におさまります。**3**のcommunicateという動詞はexchange **ideas**と言い換えられるので、やはりEnglishの中身となるideas（＝意味・情報）を含んでいると考えられます。**5**のmyselfは「自分の考え」という意味です。make **oneself** understood「**自分の考え**（＝意味・情報）を英語に入れて

（人に）理解してもらう」ですから、これもOKです。

　いっぽう **1**、**4**、**6** は不自然です。なぜなら travel、do some shopping、workという語句の基本的意味には、Englishの中身となるべきもの（＝意味や情報）は含まれていないので、「**情報＋in 言語**」のSPO関係が成立しないからです。このように、日本語の「英語で」をすべてin Englishで自然に表わせるというわけではないのです。コンサルタントによれば「英語で旅した」ならI used [spoke] English when I traveled.などと、「英語で買い物した」なら I used English when I did some shopping.などと言うほうが自然だそうです。

　SPO理論によらずにこれらの文の自然さ・不自然さを明確に説明する方法は、私には思いつけません。

# 03
# 意味を言葉に入れる＝表現する

　言葉が容器で考えが中身なら、その中身を容器に入れる作業が、すなわち「**表現**する」ですね。次の例を見てください。

**a.** He **put** the water **into** the glass.
　彼は水をコップに入れた

**b.** He **put** his idea **into** words.
　彼は考えを言葉に表した

put A into Bの本来の意味は、**a**のように「AをBに入れる」ですね。**b**は「考えを言葉という容器に入れる」→「考えを言葉で表す」というメタファなのです。ネイティブスピーカーは「考えを言葉に表す」行為を、「水をコップに入れる」行為と同じモードで認識しているというわけです。

　言葉が意味の入れ物なら、中身にふさわしいものであるべきです。でも、なかなかぴったりの入れ物が見つからないときがあります。そんなときはHow can I **put** it (into words)?とつぶやけばいいのです。「その意味をどう（言葉に）**入れようか？**」→「どう**言えば**いいかな？」というメタファです（into wordsは普通省略します）。

　相手が「？」という顔をしたら、どんどん言いなおすのが会話のコツですね。そんなとき使えるのがTo **put** it another way, ...です。「**別の入れ方をすると**」→「**言い換えると**」というわけ。そしてがんばってうまく表現できると、相手はThat's a nice way to **put** it!「うまい言い方だね」と言ってくれるかもしれません。

　翻訳も、ある言語から別の言語への入れ換え＝言い換えですね。だからput A into Bは「Aという言語（の意味）をBの言語に訳す」という意味でも使えるのです。**Put** the Japanese **into** English.は「次の日本語を**英訳せよ**」ですね。

**put the Japanese into English**

# 04 言葉から意味を取り出す＝解釈する

　伝えたい意味を言葉という容器に入れるのが表現という行為なら、人の言葉から意味を取り出すのが「**解釈・理解**」ということになりますね。

　たとえば次のような表現があります。

**a.** I can **get the meaning out of** the sentence.

私はその文の意味がわかる

**b.** Poetry is the most exact, precise kind of writing there is, and it takes a great deal of attention to **get more out of** fewer words.

詩はあらゆる文章の中でもっとも精密に書かれた文章であり、より少ない単語からより多くの意味を読み取るには大変な注意が必要だ

# 05

## 透けて見える言葉、空っぽの言葉

　袋に「ふかひれスープ」と書いてあるのに、春雨しか入っていなかったら怒りますよね。ウソとは、わざと中身（意味）と違う容器（言葉）を使うこと、いわば「言葉の不当表示」です。ところがその入れ物が**透けて中身が見えてしまった**としたら……。

**a.** I could **see through** her lies.
　　私は彼女のウソをいつも見破れた

**b.** They believed his **transparent** lies.
　　彼らは彼の見え透いたウソを信じた

　see through は「〜が透けて見える」がもとの意味ですね。transparentは「透明な」という形容詞です。
　次のように何も意味が入っていない言葉も一種のウソですね。

**c.** His promise turned out to be **empty words**.
　　彼の約束は結局、から約束だった

反対にこんな言い方もあります。

**d.** Words in poetry are likely to **be packed with** meaning.
　　詩の言葉には意味がつまっていることが多い

というわけで言葉は容器であり、中身ではないのです。

*Romeo and Juliet*の中でJulietも言っています。

That which we call a rose by any other name would smell
as sweet.
バラという名の花は、どんな名前で呼ばれたって同じようにいい香りが
するでしょう

　花の名前という容器が変わっても、意味（正確には、名前が指示す
る花そのもの）は変わらないというわけですね。

　speak in Englishの話からだいぶ離れてしまいましたが、これま
でに見たさまざまな表現はバラバラに存在するのではなく、すべて
「言葉＝容器、意味＝中身」という**ひとつの基本的なメタファを中
心としたシステムを形作っている**のです。こんなふうに、単独では
なぜそんな言い方をするのかわからない表現（たとえばin English）が、
メタファのシステムという視点から見るとすっきり理解できること
がよくあります。

# 06 状態を場所に見立てる

inが活躍するメタファのシステムの中で、たぶん一番重要なのが「状態」の表現でしょう。次の表現を見てください。

**1.** I'm **in hot water** with my father.

**2.** You were **in deep shit** because of a woman.

**1**はどういう意味かわかりますか。お父さんといっしょに熱いお風呂に入っているアットホームな場面を想像した人、あなたはたぶん日本人ですね。残念ながらこの文はそんなムードではないのです。**2**も、散歩中にきれいなおねえさんに気を取られて犬のウ○チをふんだ、というような話ではありません。

**1**は「私は親父とひどい状態になっている」、**2**は「おまえはむかし女のことでひどい目にあった」という意味です（映画 *Leon* に出てくるせりふ）。

be in hot waterもbe in deep shitも「困ったことになっている」(= be in trouble) という意味を表すメタファなのです。A in B「AがB（場所）にある」という形が、メタファとしては「AがBの状態にある」という意味を表すのです。

もう少し例を見てみましょう。

**a.** He is **in** grave **danger**.

彼は重大な危機におちいっている

**b.** I'm knee-deep **in debt**.

私はひざまで（＝多額の）借金をしている

**c.** I **fell in love with** her at first sight.

私は一目で彼女に恋に落ちた

　日本語でも「危機におちいって」「恋に落ちて」などと言いますね。英語と同じ発想（実は直訳）です。どうも in が表す状態は、いったんはまったらなかなか簡単には出られないようなものが多いようです。いわば「**状態＝穴**」です。ひどく困っていることを**be in deep trouble**と表すことからも、状態が穴か沼のようなイメージでとらえられていることがわかりますね。

「**AがBという状態にある**」がA in Bなら、「**AがBという状態にない**」という否定的な意味はどう表すと思いますか。

**d.** He **got out of** danger.

彼は危機を脱した

**e.** I **got out of** debt.

私の借金はなくなった

**f.** I **fell out of** love with her.

彼女を好きでなくなった

ごらんのように「AがB（場所）の外に出ている」という形で「状態の否定」を表せるわけですね。

　状態を表すメタファのシステムをまとめておきましょう。

| | | |
|---|---|---|
| AがBに入る | → | AがBの状態になる |
| AがBの中にある | → | AがBの状態にある |
| AがBの外に出る | → | AがBの状態でなくなる |
| AがBの外に出ている | → | AがBの状態にない |

---

### 状態を表すメタファを使った前置詞表現

**g.** He **got into** trouble.

　　彼は困ったことになった

**h.** He **is in** trouble.

　　彼は困ったことになっている

**i.** He **got out of** trouble.

　　彼は困難を脱した

**j.** He **is out of** trouble.

　　彼は困難を脱している

**in** trouble

**out of** trouble

# onの世界
# 偶然? 当然?

## 日本語と英語の一致

# 01

## onの世界

「のる」「かかる」「つく」ですべてがわかる！

　onの基本的なイメージスキーマは、次のように、いたってシンプルなものです。でもonのさまざまな意味や用法は、すべてこのシンプルなイメージから生まれ出てくるのです。

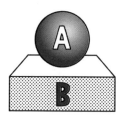

## A **on** B

　まず、見てのとおり、「**AがBにのっかっている**」わけです。ここから「**依存**」という大切な用法が出てきます。

　次に「**Aの重みがBにかかっている**」ことに注目してください。私たちの住む世界には重力があるから、当然ですね。ここからたくさんの意味・用法が生まれ、発展していきます。

　さらに、「**AがBの表面にくっついている**」ことにも注意してください。この「**接触**」こそがonの**もっとも中核的な意味**なのです。AとBの関係がさまざまに変形しても、抽象的になっても、接触の意味だけは残っているものが多いのです。

　イントロはたったこれだけです。「**のる**」「**かかる（かける）**」「**つく（つける）**」だけ。少な過ぎますか。でもこの**3つのイメージ**だけでonの広大な意味の世界を見渡す準備は十分なのです。

　それではonの意味の世界探検に旅立ちましょう。

# 02

## 「のる」 → 「頼る」

依存・根拠のon

「AがBにのっている」の意味は、「AがBに依存している」という
メタファに発展します。日本語でも人に頼ることを「〜によりかか
る、おんぶする」などと言いますね。「〜に便乗する」「〜にただ乗
りする」などの表現も依存のonのメタファにそっくりです。

　代表的な例をいくつか見てみましょう。

**a.** We **live on** his salary.

うちは彼の給料に頼ってくらしている

**b.** He still **depends on** his parents.

彼はまだ親におんぶしている

**c.** My son is **on his own** now.

息子はもう一人立ちしている

on one's ownは「自分自身に頼って」、つまり独立しているとい
うことです。「一人旅をする」はtravel on one's ownです。
「依存する」というのは一見楽に思えますが、「AがBまかせだ、B
しだいだ」という意味も含みます。Bがこけると、のっかっている
Aもこけるからです。

**d.** Our business **depends on** the weather.

我々の仕事は天気にかかっている

依存も行き過ぎると、次のように「**寄生**」になってしまいます。

**e.** Human beings are **a parasite on** the earth.
　　人類は地球につく寄生虫だ

「パラサイト・シングル」という言葉がかつて流行りました。あまりdepend on your parents していると、しまいに parasite on your parents「親の寄生生物＝すねかじり」と言われそうですね。

　話は変わりますが、主張をするには根拠が必要ですね。根拠とは主張が依存していることがらです。

**f.** The Big Bang theory **is based on** Einstein's theory.
　　ビッグバン理論はアインシュタインの理論に基づいている

**g.** Local people opposed the plan **on the grounds of** noise and smell.
　　地元住民は騒音と悪臭を理由にその計画に反対した

　アインシュタインの理論がもし間違いなら、ビッグバンの理論も成立しないというわけですね。

# 乗り物に乗って　on or in?

onやinが乗り物に乗った状態を表すのはご存じでしょう。馬や自転車などに乗っているのがonだというのはわかりやすいですね。でも、船やバスにはどうしてonを用いるのでしょうか。

まず使い分けを確認しましょう。getを使うと「〜に乗る」、beだと「〜に乗っている」になります。

[　乗り物によるonとinの使い分け　]

**get [be] on + bus, train, subway, ship, plane**
**get [be] in + car, taxi, truck**

onを使う乗り物にはどういう共通点があるでしょうか。理屈を並べずにcar、taxiなどは例外だ、と覚えてもすむかもしれませんが、可能な限り理屈をこねるのが本書のポリシーです。

船には甲板が、バスや電車にも広い床板がありますね。onが使われるのは、この板の表面が意識されるからかもしれません。onが使われるのは、**立ったまま歩いてこの床板に乗れる**ような大きな乗り物が多いのです。

これに対してcar、taxiつまり乗用車には広い床板がなく、乗るときは**体を曲げて中に入らねばなりません**。狭い空間に入り込むという行為が必要とされるのでinが使われるのかもしれません。

でも本当にそれだけの違いでしょうか。bus、train、subway、ship、planeなどに乗っていることを表すにはbe inも使うことがあります。実はonとinの間には、もうひとつ大きな違いがあるのです。いま走っているバス、あるいはいまは停車していても、走る能力の

あるbusに乗っているときはonが使えます。ところが、たとえば古いバスを改造して家にしている人がいたら、I live on a bus.ではなく I live **in** a bus.です。同様に動く飛行機に乗っているなら I am on the plane.と言えますが、不時着して壊れた飛行機の中で事故原因を調査しているなら I am **in** the plane.です。注)

inが単に乗り物の内部に人が存在することしか表さないのに対し、onには**「乗り物に乗って動いている、旅している」**という**活動のニュアンス**があるからでしょう。だから活動をやめた乗り物にはonがふさわしくないのかもしれません。

しかし、まだひっかかることがあります。日本語でキャンピングカーなどと呼ばれるRV（camper、trailer、motor homeなどとも言う）につける前置詞をアメリカ人コンサルタントにたずねたところ、inが普通だと言うのです。大きなキャンピングカーはバスほどの大きさがあります。バスと同じように床板があり、歩いて乗れるのにonではないのです。

では、バスとキャンピングカーとの違いは何なのでしょうか。キャンピングカーは中で生活できるので家のようなイメージがあり、live **in** a houseとリンクしている可能性もあります。

もうひとつ考えられるのが、バスは決まったルートを走る公共輸送機関で、キャンピングカーはそうではないということです。そういえば、旅客機にしろ、バスにしろ、電車にしろ、決まった経路の上を移動します。考えてみると、I am **on** the subway.とか I am **on** the Tokaido Line.のように、路線自体につく前置詞もonです。つまり、onが使われるのは、**決まった路線を移動中の公共の乗り物**だと考えていいでしょう。

---

注）ただし、旅客機を操縦しているpilotにはin the planeを使うことがよくあります。これはpilotがcockpit（操縦室）という狭い空間にいるからでしょう。

# 04

## 活動を示すon

▶▶ 「ノッてるね！」──乗って動く＝活動状態のon

　もう一度onの基本イメージスキーマを思い出してください。「A
がBにのっている」でしたね。さて、このスキーマはそのままで、
もしBが乗り物のように動くものだったらAはどうなるでしょうか。
当然Aはいっしょに動いていくことになりますね。先ほど見たよう
に、He is **on the bus**.というと、動くバスに乗って移動していると
いうのが普通ですね。

　日本語でもバリバリ活動している状態を「ノッてるね」とか「ノ
リノリ」などと言いますね。あのフィーリングなのです。「好景気
の波に乗る」と言う表現もあります。英語にも「波に乗る」という
表現はあります。

　ここから発展して、onの後ろには次のようにもっと**抽象的な活
動状態**を表す語も置けます。

　**a.** The police officer was **on duty**.
　　　警官は任務についていた

　**b.** ride **on the wave** of success
　　　成功の波に乗る

　人の活動状態だけではありません。**エネルギーを消費する物理的
に活発な状態**も表せます。

**c.** Nagasawa's house was **on fire**.

長沢くんの家に**火がついていた**

「なぜthe house is on fireなのか、fire is on the houseが正しいのでは？」などとネットで質問している人がnative speakerにもいますが、on fireのfireは物理的な炎を意味しているのではなく、抽象的な「燃焼状態」の意味なのです。

　中学で「〜の途中」と学んだon one's wayあるいはon the wayをもう一度考えてみましょう。これも**活動状態のon**だと考えられます。wayを「道」と訳すとroadやstreetとあまり違いを感じないかもしれませんが、wayには、目に見える道というより、「ある場所に行くプロセス」とでも言うべき抽象的な意味があります。だから**動いているイメージ**があります。on the wayというのは、**すでにその動きに乗っている**、という状態を指すのです。「帰途につく」という日本語の表現も思い出してください。

　on one's wayは、次のような使い方もできます。

**d.** Come on! Open the door! I'm **on my way**.

おい！　ドアを開けろ！　いまそっちに行くところだ

これはほとんど"I'm coming."と同意ですね。

# 05

## 「電子メディア」のon

　次のようなonの用法は、辞書ではたいてい「手段・道具」と分類されているでしょう。

**a.** I saw him **on TV**.

　　私はテレビで彼を見た

　和訳でも「テレビで」となっているし、この文だけ見ていれば、「道具」でも問題なさそうです。では次の文との関係はどうなるのでしょうか。

**b.** He was **on TV**.

　　彼はテレビに出ていた

　辞書ではおそらく、**b**の用法は「状態」とかいう分類になるのでしょう。辞書というのは本来、言葉の意味を切り刻むものなので、しかたがないのかもしれません。でもこの本を読んできたみなさんは、こういう扱いでは何か足りないものを感じると思います。SPOで考えてみましょう。

　　I saw *__him__*　　　 **on TV**.
　　　　　*S*　　　 **P　O**

　　　　　|　　　　　 |

　　　　*__He__* was **on TV**.
　　　　　*S*　　 **P　O**

なーんだ、**a**にも**b**にも*he* + **on TV**という同じSPOが含まれているじゃありませんか。**a**も「**彼をテレビに出ている状態**で見た」ということに過ぎないわけですね。

このようにある情報がテレビ、ラジオ、電話、インターネットなどの**電子メディアに流れている状態**はすべて**on**で表せます。これも先ほどの「活動状態」のonの一種と考えていいでしょう。

## Give it a try

次の（　　）にふさわしい前置詞は何でしょうか。

**1.** We can take photos (　　) the cell phone.
携帯で写真が撮れる

**2.** She hit me (　　) a cell phone.
彼女が携帯で僕をたたいた

### 解説

onと答えた人はいませんか。「電話にはon」という機械的暗記では正解できない問題です。**1**、**2**ともに**with**のほうが自然でしょう。**1**は携帯を「メディア＝情報処理、伝達の方法」として使っているわけではなく、カメラとして使っているのです。take photos with a cameraと同じです。**2**は半分冗談ですが、ここでは携帯電話が電話としてではなく単なる物として使われているので、withが正解です。

196

# 06

## 「重みがかかる」onのイメージ

▶▶ 影響・作用、攻撃・被害・迷惑の対象を表すon

　188ページで見たように、onには「Aの重みがズシリとBにかかっている」というイメージがあります。そこから「AがBに影響・作用を与える」という意味が自然に出てきます。背負った荷物の重さで疲れてくる（＝影響・作用）というイメージです。

　a. The stress began to **tell on** him.
　　　ストレスが彼の身にこたえはじめた

　b. All human activity **has an impact on** the environment.
　　　人間のすべての活動が環境に影響を与える

　c. Great music **works on** our heart.
　　　すばらしい音楽はハートに働きかける

A **on** B

はじめの例など、**「重みがかかる」**というonのイメージが生きて

いますね。このようにA on Bは、ストレス・重圧・負担、あるいは危害・攻撃のような、Bにとってマイナスの影響を表すことが多いのです。名づけて「**攻撃・被害・迷惑のon**」。

　ネズミの頭上からフクロウが**襲いかかる**イメージを浮かべてください（prey on）。攻撃は上から加えられるイメージがありますね。また被害・災難にも上から落ちてくるイメージがあります。人生がうまく行かないことを嘆く、*Why Does It Always **Rain on** Me?* 「どうしていつも僕に**雨が降りかかる**んだ？」という歌があります。「災難が身に**降りかかる**」「降ってわいた災難」という日本語とも比べてください。もちろん、好ましい影響を表すこともありますが、イメージからもわかるように、マイナスの影響を表すものが多いのです。それは感情を害するというような軽いものから、迷惑・叱責・暴行・攻撃などたくさんの表現を含む大軍団なのです。

**d.** the Russian **attack on** Ukraine
ロシアのウクライナに対する攻撃

**e.** His girlfriend **cheated on** him.
恋人が彼を裏切った（浮気した）

**f.** She **walked out on** him.
彼女は彼を捨てて出て行った

**g.** Don't fucking **die on** me, Mia!
死なないでくれ、ミア！

　最後の例は映画*Pulp Fiction*から。殺し屋Vincentがボスに頼まれ妻Miaの世話をしていたとき、Miaがヘロインを吸って倒れます。

そこでVincentが叫ぶのがこのせりふ。ここでのdie on meは「死んでおれを困らせる」の意味が強いでしょう。

　なお、このonときれいに対になっているのが「受身」のunderです。影響や攻撃を受ける側から表現する場合に使われます。次の2文を比べてみてください。

**h.** Chinese culture **had an influence on** Japan.
　　中国文化は日本に影響を与えた

**i.** Japan was **under the influence of** Chinese culture.
　　日本は中国文化の影響を受けていた

onとunderについては、次の関係をぜひ覚えておいてください。

［　影響を表すonとunder　］

**A** have influence **on B**　　　**A**が**B**に影響を与える

**B** be **under** the influence of **A**　　　**B**が**A**の影響を受けている

日本語でも「〜の影響**下**にある」といいますね。同じ発想です。

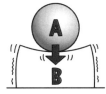

A has influence **on** B.

B is **under** A's influence.

# 07
## on one's mindとin mindの違い

　ここまで読んでonのフィーリングをつかんだあなたには、次の2つの表現の違いが右脳で自然に感じられると思います。

I have something **on my mind**.　　I have something **in mind**.

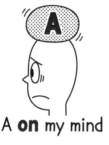

A **on** my mind

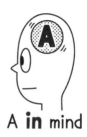

A **in** mind

　イラストを見てください。have A on B's mindでは、AがBの心に重くのしかかっていますから、「AがBの気がかりだ、心配だ」なのです。このイメージがもっとはっきり出た次のような表現もあります（weighはweight「重さ」の動詞形です）。

**a.** The energy crisis in Europe **weighs on** Biden's **mind**.
　　ヨーロッパのエネルギー危機がバイデンの心に重くのしかかっている

　一方have A in mindは、単に「A（提案・アイデアなど）が心の中に浮かんでいる、Aを考えている」という意味なのです。

　Hoagy Carmichaelの*Georgia on My Mind*という曲がありますが、これも、onを使っているからこそ、遠く離れたジョージアのことが**気にかかる**、忘れられないという、哀愁のニュアンスが漂うのです。これをinにしてしまうと、いま一時的にジョージアのことが頭にあるというだけで、ムードが消えてしまいます。

次の（　　　）にあてはまる前置詞は何ですか。

**1.** He blamed the accident (　　　) me.

---

**解説**

「blame の後ろはA for Bでしょ」と思った人はいませんか。正解は**on**です。
　次のような2つの文の使い分けをややこしいと感じる人があるかもしれませんが、いままで見てきたような**on**のイメージを持っていれば自然に理解できるでしょう。

　　**a.** He **blamed** me **for** the accident.
　　**b.** He **blamed** the accident **on** me.

　どちらも「彼はその事故は私のせいだと言った」と訳せますが、しくみは違います。**a**は146ページ で説明しましたね。**b**をSPO で考えてみましょう。blame the accidentを**S**と考えて、下のputを使った文と比べてみてください。名詞のthe blameは責任（＝ responsibility）という意味です。blame A **on** Bは「Aの責任をBに**負わせる**」というしくみなのです。

　　**b.** He *blamed the accident* on me.
　　　　　　　　　S　　　　　　　P　O

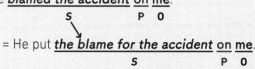

　　= He put *the blame for the accident* on me.
　　　　　　　　　　　S　　　　　　　　　　　　P　O

**put the blame on him**

# 08

# 「くっついている」から
# 「執着・集中」のonへ

　最初にお話したように、onのもっとも基本的な意味は「接触＝くっついている」でした。

　「AがBにしっかりくっついている」というイメージから「Aの意識・関心などがBに集中して離れない」つまり「執着・集中」の意味が生まれます。

　たとえばbe hooked on Aは「Aに引っかかっている」という意味ですが、メタファとして「Aに夢中、病みつきになっている」という意味になります。

**a.** Sarah **is hooked on** gambling.

サラはギャンブルに夢中だ

次のような表現もonで執着を表しています。

**b.** He **was stuck on** Pokemon when he was a kid.

彼は子どものころポケモンに夢中だった

**c.** I **had a crush on** my teacher.

私は先生に恋をした

**d.** Bob **insisted on** going out.

ボブは外出すると言ってきかなかった

次の表現は意識が対象に集中することを表します。

**e.** Drivers should **concentrate on** the road, not the speedometer.

ドライバーは速度計ではなく道路に注意を集中すべきだ

**f.** **Keep an eye on** the baby, please!

赤ちゃんから目を離さないでください

# 09 「かかる／かける」感覚とon感覚

　on A's mind「Aの気に**かかる**」のお話をしましたが、onの表現と日本語の「かかる／かける」を使う表現には、偶然とは思えないほど多くの一致があるようです。これに関しては、実例を見たほうがいいでしょう。ちょっとたくさんありますが、下に並べた例を、状況を具体的にイメージしながら、じっくりと見ていってください。

| spend **A** on **B** | **A**（お金）を**B**にかける |
|---|---|
| bet **A** on **B** | **A**（お金）を**B**にか（賭）ける |
| impose tax on **A** | **A**に税金をかける |
| take out insurance on **A** | **A**に保険をかける |
| sit on **A** | **A**に腰をかける |
| lean on **A** | **A**によりかかる |
| depends on **A** | **A**にかかっている |
| pin [rest, put] one's hope on **A** | **A**に希望をかける |
| put pressure on **A** | **A**に圧力をかける |
| hang heavy on **A** | **A**に重くのしかかる |
| place a burden on **A** | **A**に負担をかける |

| | |
|---|---|
| have A on one's mind | Aが気にかかる |
| disaster falls on A | Aに災難がふりかかる |
| suspicion falls on A | Aに疑いがかかる |
| prey on A | Aにおそいかかる |
| set the dog on A | Aに犬をけしかける |
| cough on A | Aにせきをかける |
| fortune smiles on A | 幸運がAにほほえみかける |
| cast a spell on A | Aに魔法をかける |
| take pity on / have mercy on A | Aに情けをかける |
| put A on trial | Aを裁判にかける |
| on the verge [brink]of extinction | 絶滅しかかっている |
| go on a picnic | ピクニックに出かける |
| embark on A | Aに取りかかる |

　全部イメージできましたか。これだけであなたのon感覚はすごくとぎすまされたと思います。on＝「かかる／かける」はまだありそうなので、時間のあるときにでもさがしてみてください。

　言語学者チョムスキーは、言語の基本構造は人類共通で、それは遺伝子に書き込まれているのだと言いました。それをもっと広げて、人間のもののとらえ方、認識のしかたも、共有されている部分が多いと言えるかもしれません。それは遺伝によるというより、人間が同じ形・しくみの体を持って、この同じ星の上でくらしているからではないでしょうか。onと「かかる／かける」を比べ、それらから産み落とされたたくさんの表現をながめていると、そんなことを感じてしまいます。そうでないとすれば、系統的には縁もゆかりもない２つの言語から生まれた表現が、こんなに一致している事実をどう説明できるでしょう。

# on感覚とin感覚

## 英語は
## 「内部感覚」が鋭敏？

# 「砂に書いた手紙」は letter（　　）the sand

　生物はそれぞれが環境（生態系）の中のぴったりの位置（生態学ではniche「ニッチ：壁のくぼみの意味」と呼ぶ）におさまり、「棲み分け」を行っています。言葉の使い分けもこれに似ています。

　日本人にとって使い分けのむずかしい前置詞はたくさんありますが、ここではonとinの区別について考えてみましょう。

　onはChapter 1でも述べたように、「接触」の前置詞です。接触というのは表面に限られますから、「表面感覚」の前置詞と言ってもいいでしょう。

　これに対してinは「内部感覚」です。AがBの内部に入りこんだり、囲まれたりしていれば、in Bと認識されるのです。

　問題なのは「どれくらい中に入りこめばonでなくinとみなされるか」です。結論から言うと、どうも英語ではこの「内部感覚」が鋭敏なようなのです。


　例をあげましょう。「砂に書いたラブレター」という英語の古い歌があるのですが、その原題は何だと思いますか。私たち日本人には、砂の「表面＝上」に字を書く、と考えるのが自然ですから、*Love Letters* on the Sandのほうがしっくりくるかもしれません。でも正解は*Love Letters* in the Sandなのです。つまり、砂の表面を棒でひっかいてへこませて字を書くからinなのです（もし砂に石灰でもまいてラブレターを書けばonかもしれませんが、それではあまりロマンチックじゃないですね）。

**Data Research**

　「**イスにすわる**」を英語でどう言いますかと聞かれたら、ほとんどの日本人はsit **on** the chairと答えるのではないでしょうか。

　でもGoogle Books Ngram Viewerを見るとsit **in** the chairのほうがずっと多いようです。
　私のデータでもsit + in + chairは2499件（約82%）、sit + **on** + chairは546件（約18%）でした。

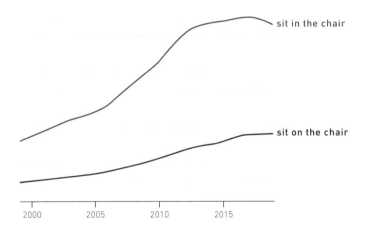

出典：Google Books Ngram Viewer
http://books.google.com/ngrams

　スツールのようなお尻がのっかるだけのイスならonが普通のようですが、背もたれやひじかけがあって、ちょっと体を包み込む感じだと、すぐinのテリトリーとして認識されるようです。

sit **in** the chair    sit **on** the chair

　おもしろいことにsofaの場合は、onのほうが圧倒的に多いのです。すわる面が広くてお尻をつつみこむ感覚が少ないからでしょう。

　Google Books Ngram Viewerでarmchair「ひじかけイス」を見てみましょう。

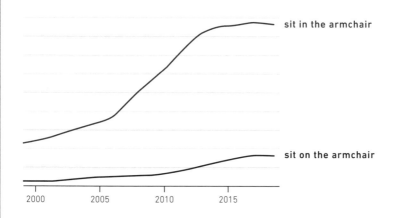

sit in the armchair

sit on the armchair

私のデータでも、いろいろなイスを調べてみました。

| in + chair | 2499 | on + chair | 546 |
|---|---|---|---|
| in + armchair | 210 | on + armchair | 19 |
| in + stool | 12 | on + stool | 460 |
| in + sofa | 38 | on + sofa | 1804 |

次に、「小鳥が木でさえずっている」はどうでしょう。There's a bird singing **on** the tree. でしょうか、それとも There's a bird singing **in** the tree.でしょうか。Google Books Ngram Viewerでは bird **in** the treeがbird **on** the treeよりはるかに多いです。私のデータではbird + **in** + treeは34例で、bird + **on** + treeは2例でした。

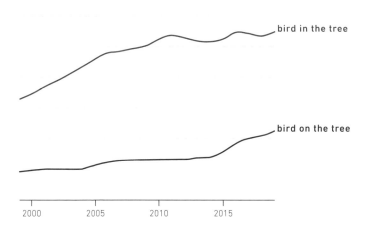

日本人は小鳥が**枝の上に**とまっているとイメージしますが、おそらく英米人は鳥は茂った木の葉や枝に**かこまれた空間の内部**にいると意識するのでしょう。樹木に内部と外部があるという認識は、日本人にはあまりないように思われます。

では、女性が髪にリボンをしている状態はどう言えばいいでしょうか。She wears a ribbon **on** her hair.でしょうか。それともShe wears a ribbon **in** her hair.でしょうか。

　私のデータではribbon + **in** + hairは32件ありましたが、ribbon + **on** + hairは0件でした。日本人は髪の表面に見えているリボンをイメージしますが、英語ではリボンが髪に食い込んでいる部分を意識するようです。ここにも**in**感覚の強さが現れています。

# 02
## 着用のinはどこまで使えるか?

　Chapter 1で述べた「着用のin」(→p.17) についても、使用範囲は私たちの感覚よりかなり広いようです。a girl **in** a sweater「セーターを着た女の子」ぐらいなら、「彼女の体がセーターに**入っている**」と考えればわかりやすいですが、a girl **in** a hat「帽子をかぶった女の子」になると、ちょっと抵抗を感じるかもしれません。そしてa girl **in** glasses「メガネをかけた女の子」、a girl **in** gloves「手袋をした女の子」、a boy **in** a tie「ネクタイをした男の子」、a girl **in** braces「ブレイス(歯列矯正器具)をはめた女の子」あたりになると、ちょっとついていけなくなるかもしれません。

　どうも英語では、着用物が体の一部を包んだり囲んだりしているだけで**in**モードと認識するようです。といっても、「指輪をした」「腕時計をはめた」などになると**with** a ring、**with** a watchが自然なようですが……。

　**in**の守備範囲の広さを実感できる例をもうひとつ紹介しましょう。

　中学生用の参考書を見ていたら、What do you have **in** your hand?を「あなたは**手の中**に何を持っていますか」と訳しているものがありました。これはちょっとまずいのではないでしょうか。日

本語で「手の中に」というと、何か小さなものをこぶしの中にすっぽり隠しているような感じがしますね。英語ではin one's handsは、手からはみ出すようなかなり大きなもの、たとえば長い旗ざおとかバットとかギターなどを持っている場合でも使えるのです。in one's hands＝「手の中に」なんて覚えてしまうと、次のような自然な英語が使えません。

**a.** He has had **a guitar in his hands** since age eight.

彼は８つのときからギターを手にしていた

# 03
## 記録メディアのinとon

　日本人は「新聞で彼の写真を見た」というのを、I saw his picture **on** the newspaper.としがちです。これはもしかすると「新聞に**載っていた**」「新聞**紙上で**」というような表現の影響かもしれません。でも私のデータを調べると、**on** the newspaperが62例しかないのに対して、**in** the newspaperは998例ありました。しかも**on** the newspaperのほとんどは、前置詞の主語**S**は載っている写真や記事ではなく、新聞紙に付着した指紋(fingerprint on the newspaper)とか、新聞紙にいたずら書きする(doodle on the newspaper)などの話で使われていました。

　私が本を書くのに、あるアメリカ人コンサルタントにお世話になったので、彼の名前を出してもいいかと聞いたことがありました。すると彼は"**In** the book, or **on** the book?"とたずねました。「本の中（はしがきなど）にか、上（表紙）にか」という意味でした。新聞にも第一面と、中に折りたたまれたページとがあります。写真は第一面

に載っているとは限らないので、一般には折りたたまれた「内部」
のほうを意識してin the newspaperと言うのでしょう。

　一方、その「第一面」はどうかというと、私のデータではon the
front pageが1028個もあるのに、in the front pageは19件しか見つ
かりませんでした。pageというと、やはり紙の表面そのものを指
すからonが勝つわけですね。

　では、写真はどうでしょう。これも一枚の紙だからpageと同じ
でしょうか。いえいえ。on the picture [photo]が117例なのに対し、
in the picture [photo] は650例ありました。onが写っているものと
ともに使われている例はありませんでした。写真というのは、物理
的には平面でも、写っている世界が範囲や奥行きを感じさせるから
his face in the pictureと言うのでしょう。his face in the mirrorと
言うのと同じ理由だと思われます。

　ではCDなどの電子メディアはどうでしょうか？　日本語では「こ
のCDには10曲入っている」と言うのでinを使いたくなるかもしれ
ませんが、Google Booksで調べると情報(music, songs, data, etc.)
+ on CDsは942例で、+ in CDsは158例でした。　ディスクの表面に
記録することが意識されているからでしょうか(on television、on
the internetなどの電子メディアにつくonともリンクしているかも
しれません)。他の「情報 + on/in + 記録媒体」も調べてみました。

| on DVDs | 788 | in DVDs | 26 |
|---|---|---|---|
| on  tapes | 1227 | in  tapes | 164 |
| on  USB drives | 145 | in  USB drives | 21 |

　USB driveのような表面が意識しにくそうなものでもonが優勢の
ようです。

# Chapter 10

「デジタル」な点の
前置詞atと
範囲の前置詞in

# 01

## 対象を点化するat

　atのイメージを一言で言えば**「点の前置詞」**ということになるでしょう（→p.30）。A at Bの基本的イメージは「Aが点Bにぴたりと止まっている」です。目的語Bはつねに点ですが、主語Aも点的な場合が多いようです。このイメージは空間・時間からその他の抽象的な使い方まで同じです。

　たとえばatには「〜をねらって」という用法があります。レーザーサイトのついた銃で標的をねらうときのイメージを浮かべてください。レーザー光線の赤い点を標的の真ん中の点に重ねてねらいます。「点＋点」というat のイメージにぴったりですね。

**a.** He **aimed** his rifle **at** JFK.

　　彼はライフルでケネディをねらった

　atは確かに「点の性質を持ったもの」につきます。空間的にはat + point「点」はもちろん、top「頂点」、bottom「底」、end「端」などです。でもそれだけではありません。atは不思議な前置詞です。atが使われたとたん、前置詞の主語も目的語も点と化してしまうのです。たとえば──

**b.** We will soon be arriving **at** Tokyo.

　新幹線に乗ると上のようなアナウンスが聞こえてきます。東京は広がりを持っていますが、この例のTokyoは東京駅を指しています。東京駅は中に入れば迷子になるほど巨大ですが、長い鉄道の路線から見れば小さな点としてとらえることができます。

atをつけたとたん、三次元のものも二次元のものも、またどんなに大きいものでも、その面積や体積、内部などはすべて意識からはずされて「**点化**」してしまうのです。

　このように、ある対象を点と見るか範囲と見るかは大きさだけでは決められず、相対的な区別です。

　たとえば、外部から村をめざす人にとっては、村は目標**地点**として認識されるので、普通arrive **at** the villageと言うのに、村に住んでいる人は村を自分を取り囲む範囲としてとらえるのでI live **in** the village.と言うわけです。

# 02 数字はatにおまかせ

次のatの使い方に共通するのは何でしょうか。

**1. I woke up at midnight.**

　私は夜の12時に目がさめた

**2. She got married at twenty five.**

　彼女は25で結婚した

**3. He was driving at full speed.**

　彼はフルスピードで運転していた

**1**は時刻、**2**は年齢、**3**は速度です。数値で表されるものばかりですね。数値はまさに点です。**数字で表せるものは点の前置詞atと相性がいい**のです。ほかにも温度、高度、距離などにもatがつきます。

# 03
## 点のatと範囲のinの「棲み分け」

　atとinにも、その特性を生かしてきれいに「棲み分け」をしている例があります。いくつか見てみましょう。

　線分には長さがあります。つまり範囲を考えることができます。一方、線分の端はどうでしょう。

　ユークリッドの『幾何学原本』（*Stoikheia*）冒頭の定義には「線分の両端は点である」と書かれています。inとatの使い分けはそれをはっきり反映しているのです。

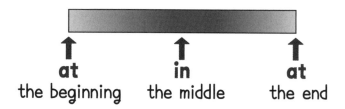

　beginningとendは両端の点なので**at**の担当。これに対し**middle**という語は2点の間の中ほどにある**領域**を指すので、当然inと相性がいいのです。一方、**center**は同じ真ん中といっても、**中心点を指す**ことが多いので**at**と結びつくことも多いです。

　これと対照的なのが、時間の直線です。

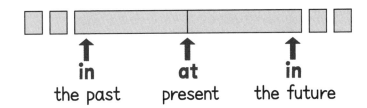

　**過去**は現在より前の時間の**範囲**を指します。**未来**は現在よりあとの**範囲**。そしてそれを2つに分ける瞬間＝点が現在というわけです。**at** (the) presentは「**現時点では**」という意味です。

　ここで気をつけてほしいのは、この図を見ればわかるように、in the pastは「昔」とは限らないということ。現在の寸前までの範囲を含むから、「いままで、従来」の意味にもなるのです（特に現在完了とともに用いた場合）。

　また**in** the futureも、現在から遠く隔たった「将来」とは限りません。現在の直後も含まれるので「今後、これから」の意味にもなるのです。Be careful **in the future**.（映画『バック・トゥ・ザ・フューチャー』より）と言えば、「**これからは気をつけろ**」という意味になります。

　現在は点的なイメージなので**at**がつくわけですが、**in** the presentということもあります。たとえばYou must live **in** the present.「いまを生きないとダメだ」のように。厳密な意味では現在は点ですが、人間は現在をかなり幅をもった時間としてとらえることもあるからです。すでに見た空間的な意味の場合と同じように、ある対象を点と見るか広がりと見るかは相対的なのです。

# 04 夜は時点？ それとも期間？

　215ページで見たように、midnight「夜の12時」は時点なので**at**がつくのは自然に思えますね。でも「nightには長さがあるのになぜ**at** nightと言うのかな？　eveningには**in**をつけるのに」と思った人がいるかもしれません。

　確かにnightはmorningやeveningと同じく物理的には「期間」すなわち範囲です。でもどの**前置詞を使うかを決める**のは認識のしかたなのです。

　物理的には大きな東京駅が点と認識されatが使われるときがある（→p.214）ように、夜もその長さを無視され、時点であるかのようにatが使われているのです。

　なぜでしょう？　ネイティヴスピーカーに「どうしてat nightなのか？」と聞くと「人は普通、夜は眠っていて長さを意識しないから」というような答えが返ってくることがよくありました。もっともらしい説明ですね。

　しかし、at nightだけを考えていてもそれを実証することはできません。

---

 **Data Research**

　実はin the nightという表現もあるのです（at nightより頻度はずっと低く、1/6程度ですが）。

　このふたつの使われ方を比較してみましょう。次の場合、atとinのどちらが入るでしょうか。

1. **Most people sleep (　　　).**

ほとんどの人は夜に眠る

**1** **at night** **2** **in the night**

ネイティヴスピーカー5人にこの文でどちらが自然かたずねると、全員が **1** at nightを選びました。続いて次の文でも同じことをたずねました。

2. **I woke up twice (　　　).**

私は夜に2回、目が覚めた

**1** **at night** **2** **in the night**

すると全員が **2** がより自然だと答えました。これはどういうことでしょう?

Google Books Ngram Viewer でも**at** nightとともに使われる動詞の頻度ランキングの1位は**sleep**、**in** the nightとともに使われる動詞の頻度1位は**wake**なのです。

sleep、wakeとat night、in the nightの組み合わせの頻度を見てみましょう。

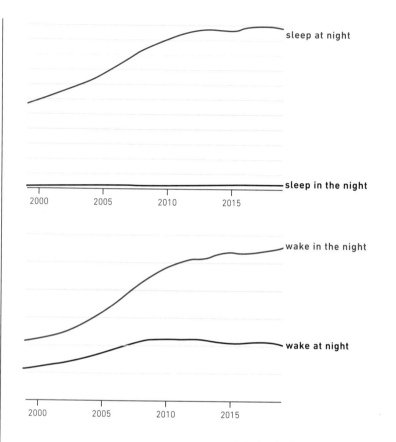

出典：Google Books Ngram Viewer
http://books.google.com/ngrams

　at night、in the nightとともに使われる動詞を調べると、sleep、work、dreamなど**「一般的・習慣的行為」**では**at** nightが圧倒的に多いです。夜の長さを意識する必要があまりないからでしょう。

　一方、wake、dieのような**「突発的な出来事」**では**in** the nightが多いです。それが起きたのが夜の期間の中、**「夜中」**であることが意識されるからでしょう。

# Chapter 11

「の」とofは
どう違う?

# 01 「アメリカの米」はなんと言う?

大学入試にこんな問題が出たことがあります。

---

1. **Can you tell the difference between rice grown in Japan and (    )?**

日本で栽培される米とアメリカの米との違いがわかりますか。

**1** American one      **2** American rice

**3** one of America      **4** rice of America

出典：1994年センター試験

---

　不可算名詞のriceはoneで代用できないので **1** と **3** はだめで、正解は **2** だったのですが、「**4** はなぜだめですか」という質問がたくさんありました。私は『『私は日本の学生です』と言うときI'm a student **of** Japan.って言う? 言わないでしょう?」などと答えた記憶がありますが、これだけでは説明にはなっていません。なぜそう言わないのでしょうか。

　「～の」は英語で何と言うか聞かれたら、ほとんどの人は即「ofだろ」と言うでしょう。でもofは日本語の「～の」よりかなり使える範囲がせまいようです。ofと「の」の違いを考えてみましょう。

　日本語には名詞を修飾できる助詞は「の」しかないので、of＝「の」と思っている日本人は名詞と名詞をつなぐとき、なんでもofを使ってしまいがちです。しかし英語では抽象的な意味の前置詞であるofよりも空間的な位置を表すat、in、on、toなどの前置詞を使う傾向が強いようです。

まず最初は具体的・空間的な表現から考えましょう。次のそれぞれにふさわしい前置詞は何ですか。

1. **the desk (    ) my room**　私の部屋の机

2. **the window (    ) my room**　私の部屋の窓

1はthe desk **in** my roomが最も普通です。ofを使うことはまれで、ofの例はGoogle Books Ngram Viewerで検索しても出てきません。一方2は、inも使えますが、the window **of** my roomがinの2倍を超えます。

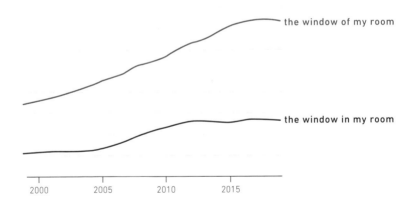

the window of my room

the window in my room

|2000|2005|2010|2015|

なにがこの違いを生むのでしょう？

机は「私の部屋」の中に置かれている家具のひとつに過ぎません。部屋から運び出すことも簡単です。これに対し、窓は部屋の一部、不可欠な構成要素です。言い換えると窓と部屋の関係のほうが「濃

い」のです。ofが使われるのはこのようにSPOの**S**と**O**にかなり強い結びつきがあるときのようです。

　次の例では空間的意味に加え、少し抽象的な意味関係が加わってきます

**a.** a passenger **on** the plane

その飛行機の乗客

**b.** the pilot **of** the plane

その飛行機のパイロット

　飛行機に乗っているという空間的な位置については乗客もパイロットも同じです。でも乗客はたまたまその飛行機に乗っているだけで、その飛行機と「濃い関係」はありません。**a**でonの代わりにofを使うことはめったにありません。一方パイロットはその飛行機の操縦を任された、その飛行機が飛ぶのに不可欠の存在ですからofがふさわしいと言えるでしょう。Ngramをごらんください。

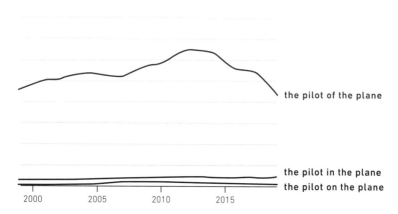

注) the pilot in the planeについては192ページ参照

# 02   先生と校長先生の違い

次はどうでしょうか。

**a.** a teacher **at** the school    その学校の教師

**b.** the principal **of** the school    その学校の校長

（普通の）教師は職場としてその学校にいるだけなので、濃い関係を示すofより場所の前置詞であるat（あるいはin）のほうがしっくりくるのでしょう。

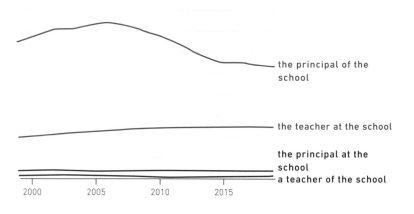

これに対し、校長先生は学校という組織のただ一人の代表としてその学校と強い結びつきを持っているのでofがふさわしいのです。

自己紹介で「私は〇〇大学の学生です」というときにもI'm a student of 〇〇 University.と言いたくなると思いますが、at 〇〇 Universityがはるかに普通です。

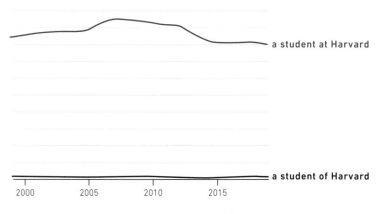

- a student at Harvard

- a student of Harvard

2000    2005    2010    2015

出典：Google Books Ngram Viewer
http://books.google.com/ngrams

　さて、最初の「アメリカの米」の問題にもどりましょう。もし
rice of Americaと言うと、「アメリカを代表する米」というような、
不自然にアメリカの国と強い結びつきを持つニュアンスが出てくる
でしょう（また、もしそうならthe をつけてthe rice of Americaとするのが
自然でしょう）。単に「アメリカで育てられている米」と言うにはof
の意味は強過ぎるのです。

　これまで見てきたように、A of B「BのA」が自然かどうかは、前
置詞の目的語Bだけでは決まらないのです。前置詞の主語AとBの関
係＝SPO関係がどのようなものかを考える必要があるわけです。そ
して英語では日本人が「の」を使うような場合でもat、in、onなど
の空間的な意味を持つ前置詞を使うことが多いことも心にとめてお
きましょう。

226

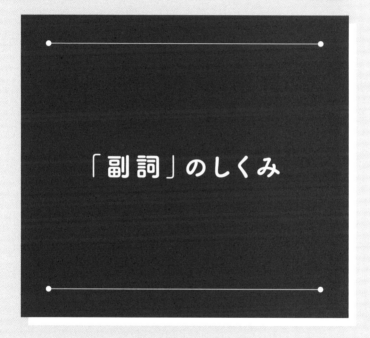

Chapter **12**

「副詞」のしくみ

# 01 put it onのonは「副詞」?

　ここまで読んできたみなさんは、前置詞たちのさまざまな働きについてかなり知識が深まったと思います。

　ところで、前置詞とみかけは同じなのに「副詞」と呼ばれる言葉があります。作文で「私はそれを着た」をI put on it.なんて書いたら、先生に「違う！　put it onだ。このonは副詞だろ！　代名詞は副詞の前に置くんだ」なんて言われてとまどった人はいませんか。

　前置詞と同じ形なのに「副詞」とはどういうことなのでしょうか。「副詞」の正体に迫ってみましょう。

　まず次の文を見てください。

**a.** He put the hat **on** his head.
　　彼は頭に帽子をかぶった

　最初に考えた「着用のon」が使われていますね。「帽子＋on頭」で「帽子が頭に接している」つまり「帽子を頭にかぶっている」というSPO関係になっています（つまりSVOC的な文です）。これはこれでりっぱな英文です。でも考えてみると、帽子はたいてい頭にかぶるものですね。あまりお尻（his butt）にかぶせたりはしません。それならhis headは別になくてもいいのではないでしょうか。

　というわけで、次のような文ができました。

**b.** He put the hat **on**.
　　彼は帽子をかぶった

　onだけ残せば、hatが「体に接している」ということは十分わか

228

るわけです。でも前置詞は、名詞の前に置くからこそ**「前置」**詞なのです。後ろの名詞（目的語）がなくなってしまっては、もはや前置詞とは呼びにくいですね。そこで困った学者が考えたのが「副詞」adverbという名前です。つまりHe put the hat **there**.におけるthereと同じような、場所を示す副詞だというわけです。

　私はこれはあまりいい名前だとは思いません。前置詞の目的語を省略しただけなのに、まったく違う名前では、前置詞との関係がないみたいに聞こえます。何かいい名前はないものでしょうか。

　動詞の場合にも似たような現象があります。I like **reading books**.「読書が好きです」の目的語booksは省略してもわかるのでI like **reading**.と言いますね。目的語があるreadは他動詞、ないのは自動詞と言います。それならon his headのonを**「他前置詞」**、his headを略した場合のonを**「自前置詞」**と呼べばどうでしょう。うーん、イマイチかな……。

　というわけで、いい名前が思い浮ばないので、しかたなく「副詞」を使うことにします。ひとまず「**『副詞』とは前置詞のあとの名詞**（＝目的語）**が省略されたものである**」と考えておきましょう。

　ところで、さっきの文は次のように語順を変えることができます。

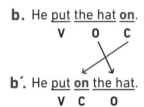

**b.** He put the hat on.
　　　 V　　O　　C

**b´.** He put on the hat.
　　　 V　　C　　O

　こうなるとon the hatのところを見て、「前置詞＋名詞」と間違う人がいるかもしれません。でも「帽子が on（his head）である」

という主語・述語の関係は、上の文と何も変わっていません。He sat on the hat.「彼は帽子の上にすわった」とはまったく違うしくみなのです（このonは前置詞で、He + on the hatというSPO関係があります）。この変形は次のような語順の変化に近いのです。

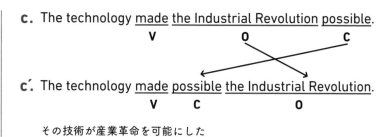

c. The technology <u>made</u> the Industrial Revolution possible.
     V                           O                           C

c′. The technology <u>made</u> possible the Industrial Revolution.
      V                    C                        O

その技術が産業革命を可能にした

# 02 「副詞」の熟語の謎を解く
### 「おろす」「気分を害する」「延期する」の共通点

　put A on「Aを身に着ける」のような、**基本的な動詞 ＋ 「副詞」**の組み合わせでできた、いわゆる「熟語」が無数にあるのはご存じですね。「副詞」の熟語は、前置詞の熟語以上に、「何でそんな意味になるの？」と思われるものが多かったのではありませんか。確かに、私にも（たぶんネイティブスピーカーにも）どうしてそんな意味になるか説明不可能な熟語もあります。でも、put A onのonのように、「『副詞』の後ろに名詞が省略されているのだとしたら、その名詞は何か？」と考えることで、熟語の意味が自然に理解できるものも多いと思います。

　put A offという熟語の意味はいくつ知っていますか。たとえば次のような使い方があります。

**a.** I'll **put** you **off** at Times Square.

タイムズスクウェアでおろしてあげよう

**b.** I was **put off** by nurses telling me "Just trust your doctor."

とにかく医者を信じなさいと看護師に言われて不快になった

**c.** We **put off** the meeting until next Monday.

今度の月曜まで会議を延期した

辞書には「〜をおろす」「〜を不快にさせる」「〜を延期する」などの訳がただ並んでいます。これらの日本語をながめているだけでは、よくもこれだけ無関係な意味があるものだとあきれるでしょう。しかしその日本語訳こそが、put A offの本当の理解をじゃましているのではないでしょうか。

一度和訳を離れ、英語自体を見てみましょう。offという「副詞」のあとに省略されているものがあるとしたら、それは何かわかりますか。put A off（　　　）「Aを（　　　）から分離した状態に置く」という形を考えてみましょう。

**a**は「〜をおろす」という具体的な行為を表すのでわかりやすいと思います。たぶんI'll put you off the bus…などがもとの形でしょう。「youがバスから離れる」というSPO関係を考えれば「〜をおろす」という意味はすぐ理解できます。I'll put you off the bus…は実際にありうる文です（offは前置詞ということになりますが）。

**b**は「不快」という心理的・抽象的な意味なので、ちょっと手ごわいかもしれません。でも次の文と比べてみてください。

**d.** The greasy face of Jack Nicholson **put** me **off** eating anything.

　脂ぎったジャック・ニコルソンの顔を見たら、何も食べる気がしなくなった

　この文の直訳は「Jack の顔がmeを食べるという行為から引き離した」です。「人に行為をさせない」という意味は**「人を行為から引き離す」**という空間的メタファで表されるのでしたね（p. 123でお話ししました）。そしてこのoffのあとのeating anythingを省略すると次のようになります。

**d´.** The greasy face of Jack Nicholson **put** me **off** (　　　　).

　脂ぎったジャック・ニコルソンの顔を見たら、**不快**になった

「不快」というのは、ある対象を嫌ってそれから**心理的に離れる**ことだと考えられます。その対象をはっきり言えばoffは前置詞、言わなければ副詞と考えてはどうでしょう。

　私はこのput A offを考えていると、しらけたり、いやな気分になったときに使われる「引く」という日本語を思い出します。この「引く」も「潮が引く」のように、やはり（心が）離れることを意味するのです。

　では、**c**の「延期する」の場合、offの後ろに何かがあるとしたら何でしょう。私はscheduleではないかなと思います。「meetingを延期する」というのは「meetingを予定から一時的に**はずす**」ことだと言えないでしょうか。実際にput A off my scheduleとは言わないようですが、次のような表現とのつながりを感じます。

**e.** I wanted to do the Chicago Marathon last fall, but I had to **take** it **off my schedule**.

去年の秋シカゴマラソンに参加したかったが、それは予定からはずさざるをえなかった

あるいは put A off「〜を延期する」は、次のような表現ともつながっているかもしれません（こちらを支持するコンサルタントが多いです）。

**f.** The meeting is still a week **off**.

会議はまだ1週間先だ

この場合のoffは「いまから離れて」という意味でしょう。

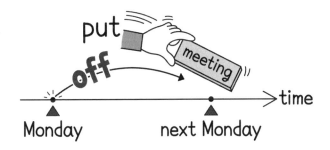

offの「分離」という意味を意識すると、まるでバラバラに感じられたput A offの3つの意味も、ひとつのイメージとして感じられるのではないでしょうか。

**Give it a try**

次の太字の副詞のあとには、どんな語（名詞）が省略されているのでしょうか（必ずしも絶対的な正解があるわけではありません）。

**1.** May I come **in**?

**2.** Soup's **on**!

**3.** She got **on** at Paddington Station.

**4.** We put the play **on** in New York.

**5.** The plane took **off** for Detroit.

---

**解説**

1は「入ってもいいですか」の意。in のあとに補うとすれば、the roomとかthe houseでしょう。

2は「スープができたよ」の意。食事の用意ができたことを知らせるときの決まり文句です。これはやはりSoup's **on** the table!でしょうね。

3は「彼女はパディントン駅で乗った」という意味です。これはonのあとにthe trainが略されていると考えられます。

4の意味は「私たちはニューヨークでその劇を上演した」。劇をやるのはon the stageでしょう。

5は「その飛行機はデトロイトに向けて離陸した」の意味です。「離陸」という言葉通り、飛行機が離れるのは地面the groundでしょう。

---

### Give it a try

イギリスのコメディアンMr. Beanにこういうコントがあります。

クリスマスの朝、七面鳥に詰め物をしていたMr. Beanは、腕時計をその中に落としてしまいました。それをさがそうと中をのぞいているうち、七面鳥が頭にすっぽりはまって取れなくなります。もがいているところへガールフレンドがやってきます。急いで台所に隠れるBean。彼女が言います。"Have you got the turkey on?" ここ

で大きな笑い声が入ります。

いったい何がおもしろいのか考えてください。

---

**解説**

「副詞」のonのあとに何が省略されているのかを考えればわかります。
"Have you got the turkey on?"というせりふで彼女が意図したのは、"Have
you got the turkey **on the grill**?"「七面鳥はもう（グリルに載せて）焼いて
るの？」のような意味でしょう。しかしこの状況では"Have you got the
turkey **on your head**?"「七面鳥をかぶってるの？」とも聞こえるので笑
いがおきたのです。

このように副詞のあとに何を補うかでまったく意味が変わってしまう
ことはよくあります。

---

# 03

# 2つのget over

前置詞と副詞の違い

get overに「〜を克服する」という意味があるのを知っている人
は多いでしょう。でもこのoverは前置詞ですか、それとも「副詞」
ですか。いきなりこう聞かれると、自信がない人が多いみたいです。
おまけにget overには「〈考えなど〉を相手にわからせる」などと
いう意味もあると辞書に載っています。

なぜこんなに違う意味があるのか、SPO式で解明してみましょう。

**a.** She **got over** the shock.

　彼女はそのショックを克服した

**b.** He wanted to **get over** his idea.

　彼は自分の考えを伝えたかった

　まず大切なことは**a**のoverは前置詞で、**b**のoverは「副詞」（＝目的語を省略した前置詞）だということです。ですから**a**はgot the shock overとすることはできませんが、**b**はget his idea overという語順にすることもできます。また次のように「to 人（＝聞き手）」を付け加えることもできます。

**b′** He wanted to **get** his idea **over** to his audience.

　彼は自分の考えを聴衆に伝えたかった

　こちらのほうが本来の語順です。そしてそれぞれの文のしくみは、次のようになっていると考えられます。

**a′.** *She* got <u>**over**</u> <u>**the shock**</u>.
　　 S　　　P　　　　O

**b′.** He wanted to get *his idea* <u>over</u> (＿＿＿) to his audience.
　　　　　　　　　　　　 S　　　P　　　O

　overには実にさまざまな用法があり、ひとつのイメージでくくるのはむずかしいのですが、ここではとりあえず、次のようなスキーマで考えてみます。**S**が山のようなイメージの**O**を越えて、向こう側に移動するイメージです。

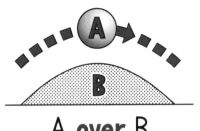

A **over** B

　これと先ほどの文のSPO関係を組み合わせてみると、次のように
なるでしょう。

She got **over** the shock.

He got his idea **over**.

　aは図を見ていただくだけでおわかりでしょう。彼女自身がショ
ックという障害を乗り越えるというイメージですね。getが「移動
する」という意味の自動詞であることにも注意してください。**文の
主語の状態が変化する**のですからSVC的なしくみの文ですね。

**b**ではoverの意味上の主語は、Heではなくてhis ideaです。目的語は文中には明示されていませんが、話し手と聞き手の間の、理解の障害になるもの——たとえば心理的距離や感覚の差など——と考えられます。「自分の考えを障害を越えて聞き手に渡す」というイメージです。**his idea**と**over**の間に主語と述語の関係があるので、**SVOC**的なしくみです。

注）「〈考え〉を伝える」という意味では、get A overよりget A across（to 人）のほうがずっと頻度が高いです。

# 04

## 主語も目的語も自分？？

「副詞」の中には「目的語が省略された前置詞」として考えると理解できるものがあることを見てきました。今度は次の2つを比べてみてください。

**a.** I ran **out**.

　　私は走って外に出た

**b.** The oil spread **out** on the water.

　　油は水面に広がった

　**a**はたとえばI ran **out of** the house [room, elevator, etc.].の省略ですね。では**b**は何の省略と考えられますか。文脈にビンなどの容器があれば、それを補って考えることもできますが、ここには油と水面しかありません。油はいったい何の外（out）に出て行くのでしょう。

時間的に考えてみましょう。油が広がるとは次のようなプロセスですね。

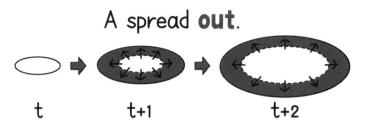

A spread **out**.

t　　　　　t+1　　　　　t+2

　油は**少し前の自分の広がりの外へ出た**のだと考えてはどうでしょうか。油はさっきまで油がおおっていた範囲から外に出た、ととらえるのです。このように**主語も目的語も自分自身**と考えると理解できる場合があります。

### 時点t＋1におけるA　out of　時点tにおけるA
S　　　　……… P ………　　　　O

# 05
## 「広がる」のoutと「集まる」のin

　outが「広がって」の意味を持つなら、逆に「集まって」はinで表せるのでしょうか。その問いに答えるのにぴったりの2つの熟語があります。

　hand A outという表現は多くの人に物を配ることを表します。たとえば先生がプリント（和製英語です。英語ではhandoutです）を学生に配るときなどに使います。

**a.** The teacher **handed out** the exams.
　　先生がテストを配った

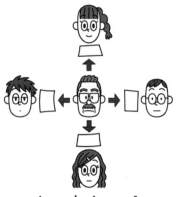

## hand A **out**

　テストは、先生の手元にあったテスト自体の外に出た＝広がった
のですね。この逆を表す表現が**hand A in**「Aを提出する」です。

**b.** We **handed in** our essays.

　　　私たちはエッセーを提出した

## hand A **in**

　エッセーは、図のように、先生の手元に移動するのです。つまり、
学生の手元にあったエッセーの内側に移動する＝集まるわけです。

# 06

# 「継続」のonと「中断」のoff

「副詞」の主語自身が目的語になりうると考えると理解できる用法がほかにもあります。

「副詞」のonには「継続」と呼ばれる用法があります。前置詞のonの基本的意味は「〜に接して」でした。それがどうして継続の意味になるのでしょう。

次の例を見てください。

**a.** He ran.
　　彼は走った

これは単純な文ですね。次のような図で表せるでしょう。

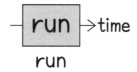

では次はどうでしょう。

**b.** He ran **on**.
　　彼は走り続けた

これは以下のようなイメージです

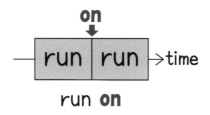

run **on**

つまり、runという行為に接して（＝続いて）さらに新たなrunが
行われたというわけです。**b**をもっと強調するとこうなります。

**c.** He ran **on** and **on**.

彼はどんどん走り続けた

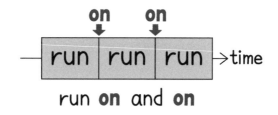

run **on** and **on**

では、次の文はどうでしょう。

**d.** He ran **on** and **off**.

彼は走ったり休んだりした

on and off（= off and on）は「断続的に」という意味ですが、この
ようにイメージ化できます。

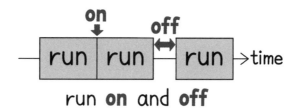

run **on** and **off**

このように同じrunという**行為自体**の間に、接触や断絶という関係があると考えれば、前置詞のonと「副詞」のonがつながって見えてきます。

# 07
# turn onとturn off

　これもわりと基本的な「熟語」です。でも単に「つける」「消す」と覚えるだけでいいのでしょうか。実はturn on/offには盲点があります。電気器具やガス器具をつけたり消したりするときには使えますが、ろうそくやたき火をつける「消す」にはあまり使われません。なぜなのでしょう。

　電気とガスの共通点は何ですか。ヒントは、turn on/offが水道の水を出したり止めたりするときにも使われるということです。

**a.** I **turned on** the water.

　　　私は（水道の）水を出した

**b.** I **turned off** the water.

　　　私は（水道の）水を止めた

　おわかりですか。電気もガスも水も、流れるものです。**turn on**とはその**流れを継続させる**こと、**turn off**は流れを**断絶させる**ことだったのです。

　これでturn on/offが、ろうそくやたき火には使われない理由もわかりましたね。「流れ」がないからです。

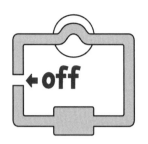

# 08

## upとdown

　look upという熟語があります。「～を調べる」などという和訳を覚えている人は多いのですが、どうもこの表現の「意味」をきちんと理解していない（たとえばlook into A「Aを調べる」と区別がつかない）人がよくいるようなので取り上げてみます。でもupの前にまずdown の話から。downの基本的意味は、言うまでもなく「下に」です。ここから意味の発展がはじまります。

**a.** He **was knocked down** on the ground.
彼はなぐり倒された

**b.** Ken **came down with** the flu.
ケンはインフルエンザで倒れた

**c.** My car **broke down** on the freeway.
車が高速道路でエンストした

**d.** Gulliver **was tied down** by thousands of strings.

ガリバーは何千もの糸で縛りつけられていた

　これらの表現に共通するのは、downが「**活動停止**」の意味を表すということです。「（下に）倒れている」→「動きが止まっている」という意味の発展は理解しやすいですね。
　では次の表現はどうでしょう。

**e.** I **wrote down** his phone number in my datebook.

私は彼の電話番号を手帳にメモした

　write A down「Aを書き留める、メモする」という表現にdownが使われているのは、紙を下においてメモを書くからでしょうか。
　メモというのは、ある情報を忘れないように記録しておくことです。聞いただけではすぐに忘れてしまう電話番号も、手帳に記録しておけばどこかに消えることはありません。日本語の「**書き留める**」という訳にも注目してください。情報が逃げないように「とめて」おくわけですね（「留める」も「止める」も、もとは同じ語でしょう）。このようにdownには「**記録されて**」という用法があるのです。
　次のような表現も「記録されて」のdownの例です。

**f.** This battle is **down** in history as the Battle of Gettysburg.

その戦いはゲティスバーグの戦いとして歴史に記録されている

**g.** Your name is **down** on the list.

君の名前がリストに載っている

さて、「記録されて」がdownなら、記録から取り出された状態は何で表されるでしょうか。

　そう、downの反対はもちろんupです！　upの基本的意味は「上に」ですが、ここから**「出現して」**という意味が生まれます。なぜでしょう。ひょっとすると自然現象と関係があるかもしれません。土を持ち上げて出てくる植物の芽、火口から上に向かって吹き出す溶岩や煙、えさをまくと浮かび上がってくる池のコイなど、上への動きは出現をともなっていることがとても多いですね。

　リストに記録された（= down）情報Aを取り出すのがlook A upなのです。コンピュータでデータを検索するのもlook A upです。「Aがup（＝取り出されて）」というSPO関係が含まれています。

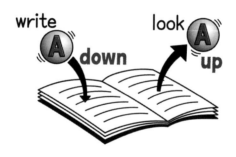

　まとめておきましょう。

[　記録を表すdownとup　]

**down** 記録されて　　⬄　　**up** 記録から取り出されて

# 09

## ２つの言語の壁をこえて

### 副詞と複合動詞

　日本語には英語の「副詞」のような言葉はありません。でも「副詞」と似た働きをするものはあります。複合動詞の後半部分です。複合動詞とは「なぐる＋倒す」→「なぐり倒す」のように２つの動詞がくっついてできた動詞です。複合動詞の後半部分は、たいてい空間的な動きを表す動詞です。でもほかの動詞の後ろにつくと、**メタファ的になってさまざまな意味を付け加える**ことが多いのです。次の英文とその和訳を比べてください。

> **a.** He **knocked** the thief **down.**
>
> 　彼はどろぼうをなぐり倒した

　knock A downはknock A → A is downすなわち「Aをなぐる→Aが倒れる」という２つの出来事を合わせて表現しています。downはAがなぐられた結果を表しています。日本語の「Aをなぐり倒す」でも「倒す」はAをなぐった結果を表しています。このように動詞＋「副詞」と複合動詞には、かなり似たものが見つかります。いくつか見てみましょう。

### ▶▶ upと「〜上げる」

　bring A upと「〜を育て上げる」を比べてみましょう。このupと「上げる」は、ともに「完了」の意味を表していると言えるでしょう。つまり育てて大人にするということです。Aが成長して身長が上に伸びるという意味も含まれているでしょう。**grow up**「大人になる」にもupが含まれていますね。

「〜を育てる」を表す動詞にはbring upのほかにraiseとrearがありますが、どちらも本来の意味は「〜を上げる」なのです。「**上げる**」＝「**育てる**」というメタファです。

人間の成長のように、上方向への変化にはたいてい上限があります。「上がる→上限に達する」というプロセスから、upや「上げる」に完了の意味が生まれたのではないでしょうか。

upに完了の意味が感じられるのは、growのように動詞自体が有限性のニュアンスを持つときのようです。たとえばgo up「上昇する、増加する」では、goという動詞の意味自体には有限性が感じられないので、upがついても完了の意味が出にくいのかもしれません。

**dry up**と「**干上がる**」も似ていますね。完了的意味も用法も似ていて、The lake dried up.「湖は干上がった」のような場合はまったく同じと言っていいでしょう。ただし、dry upは「服が乾く」というような場合にも使えます。**polish A up**と「**〜を磨き上げる**」、**clear up**、**let up**と「**晴れ上がる、雨が上がる**」もそっくりです。

make A upと「**〜を作り上げる**」はどうでしょう。make A upは非常に用法が多彩な熟語ですが、**make A up**を「**〜を作り上げる**」と訳せる場合はあまり多くありません。次の例では「くうその話など〉を作る」という意味ですが、むしろ「彼は遅刻のもっともらしい言いわけを**でっち上げた**」という訳がぴったりです。

**a.** He **made up** a good excuse for being late.

upと対応しているのは「上げる」だけではありません。「立つ、立てる」もかなりあります。たとえば――

| dress up | 〜を飾り立てる |
|---|---|
| listen up | 耳をそば立てる |
| stir up | ＜感情など＞をかき立てる |

set up「〜を立ち上げる」は、「立つ」と「上げる」の両方が入っています。

英語の「副詞」と日本語の複合動詞には、ほかにも一致するものや似ているもの、おもしろい対応を示す例がたくさんあります。「坊や」とboyみたいに単なる偶然でしょうか。いいえ、そうではないと思います。言語が違っても人間の認識は似ているものなのです。抽象的な意味を方向や場所のメタファで表そうとすると、どうしても似てくるのでしょう。

もう少し日英の対応をさがしてみましょう。

## ▶▶ outと「果てる」

次の英語と日本語を比べてみてください。

a. He is tired out.
   彼は疲れ果てている

b. He carried out the promise.
   彼は約束を果たした

c. He ran out of gas.
   彼はガソリンを使い果たした

「果て」とは「地の果て」というように、外へ外へと進んで到達する終端を意味します。outの表す**完了・消滅**の意味ときれいに対応

していると思いませんか。

## ▶▶ throughと「通る」

次の英語と日本語はどうでしょうか。

**a.** She **read through** the book.
彼女はその本を読み通した

**b.** The lawyer **went through** the contract.
弁護士は契約書に目を通した

**c.** She **got through** the test.
彼女は試験に通った

throughとはある場所に入り（in）、その内部を通って出てくる（out）ことです。したがって、何かを全部経験したり、すっかり終えることを意味します。「通る」にも同じようなメタファ的用法があります。前置詞用法でも Children can discover the world **through** books.「子どもは本を通して世界を知る」のように対応しているものがあります。

## ▶▶ overと「わたる」

次の英語と日本語も対応しています。

**a.** We **went over** to France.
私たちはフランスにわたった

**b.** We **gave** him **over** to the police.

私たちは彼を警察に引きわたした

**c.** She **looked over** the city from the top of a hill.

彼女は丘から町を見わたした

overには、**a**と**b**の例のような円弧状の移動のイメージと、**c**のような全面をおおうイメージがあります。日本語の「わたる」にも同じくその2つのイメージがあります。

## ▶▶ その他

次のような対応もおもしろいと思います。

| | |
|---|---|
| tell A off | A（人）をしかり飛ばす |
| laugh A off | A（考えなど）を笑い飛ばす |
| look back on A | A（過去のこと）をふり返る |
| talk back | 言い返す |
| play around with A | A（異性）と遊びまわる |
| take A in | A（人）をはめる、おとしいれる、だます（受身が普通） |

こういう表現の対応を見ていると、私は英語が遠い異国の異質な言葉だということも忘れて、人間のもののとらえ方って、けっこう似ているものだなと感心するのです。ほかにもまだたくさんあるでしょう。みなさんもさがしてみてください。

## 日本語さくいん

## 英語さくいん

# 刀祢雅彦 （Masahiko Tone）

大阪大学大学院英文学修士、英語学専攻。駿台予備学校講師。主な著書に『見える英文法』（ジャパンタイムズ出版）、『見る英単語』（明日香出版）、『システム英単語』『システム英熟語』『短期攻略 大学入学共通テスト英語リスニング』（駿台文庫）、『英文法・語法問題アップグレード』（数研出版）、『英語頻出問題フレーズマスター』（Gakken）などがある。これまでにNHKのテレビ英会話のテキスト、「CNN English Express」などにも執筆。イラストレーター。

| | |
|---|---|
| 尊敬する人 | R. Dawkins、George Lakoff、澁澤龍彦、椎名林檎 |
| 趣味 | 多肉植物、キノコ、貝、映画鑑賞、戦車模型、植物画、造形 |
| 好きな言葉 | Metaphors are a way to help our minds process the unprocessible.（Dan Brown） |
| ブログ | spotheoryの日記　https://spotheory.hatenablog.com/ |

### Staff

| | |
|---|---|
| ブックデザイン | 岩永香穂（MOAI） |
| カバー・本文イラスト | 河南好美 |
| イラスト原案・表紙イラスト | 刀祢雅彦 |
| DTP | 三協美術 |
| 校正 | くすのき舎 |
| 編集協力 | 深谷美智子（le pont） |

# 前置詞がわかれば英語がわかる 改訂新版

2023年 9 月20日　初版発行
2024年11月 5 日　第 2 刷発行

| | |
|---|---|
| 著　者 | 刀祢雅彦　©Masahiko Tone, 2023 |
| 発行者 | 伊藤秀樹 |
| 発行所 | 株式会社 ジャパンタイムズ出版 |
| | 〒102-0082 東京都千代田区一番町2-2 一番町第二TGビル2F |
| | ウェブサイト https://jtpublishing.co.jp/ |
| 印刷所 | 日経印刷株式会社 |

本書の内容に関するお問い合わせは、上記ウェブサイトまたは郵便でお受けいたします。
定価はカバーに表示してあります。
万一、乱丁落丁のある場合は送料当社負担でお取り替えいたします。
㈱ジャパンタイムズ出版・出版営業部宛てにお送りください。

ISBN978-4-7890-1866-1
Printed in Japan

本書のご感想をお寄せください。
https://jtpublishing.co.jp/contact/comment/